둥글둥글 지구촌 음식 이야기

함께 사는 세상 8

둥글둥글 지구촌
음식 이야기

초판 1쇄 발행 2010년 12월 10일 | 초판 6쇄 발행 2019년 6월 17일
글쓴이 김선희 | 그린이 유남영
펴낸이 홍석 | 전무 김명희
책임편집 김숙진 | 편집진행 김지안 | 디자인 손현주
마케팅 홍성우·이가은·홍보람·김정선·정원경 | 관리 최우리
펴낸곳 도서출판 풀빛 | 등록 1979년 3월 6일 제8-24호
주소 서울특별시 서대문구 북아현로 11가길 12 3층 (북아현동, 한일빌딩)
전화 02-363-5995(영업) 02-362-8900(편집) | 팩스 02-393-3858
전자우편 kids@pulbit.co.kr | 홈페이지 www.pulbit.co.kr

ⓒ 김선희, 2010

ISBN 978-89-7474-656-8 73300
     978-89-7474-913-2 (세트)

이 도서의 국립중앙도서관 출판시도서목록(CIP)은 서지정보유통지원시스템 홈페이지(http://seoji.nl.go.kr)와
국가자료공동목록시스템(http://www.nl.go.kr/kolisnet)에서 이용하실 수 있습니다.
(CIP제어번호 : CIP2010004237)

* 책값은 뒤표지에 표시되어 있습니다.
* 파본이나 잘못된 책은 구입하신 곳에서 바꿔 드립니다.

품명 아동 도서	사용연령 10세 이상
제조국 대한민국	제조년월 2019년 6월 17일
제조자명 도서출판 풀빛	연락처 02-363-5995

주소 서울특별시 서대문구 북아현로 11가길 12 3층 (북아현동, 한일빌딩)
주의사항 종이에 베이거나 긁히지 않도록 조심하세요.
         책 모서리가 날카로우니 던지거나 떨어뜨리지 마세요.
KC마크는 이 제품이 공통안전기준에 적합하였음을 의미합니다.

함께 사는 세상 8

둥글둥글 지구촌
음식 이야기

 김선희 글 | 유남영 그림

풀빛

★ 작가의 말

미래는 슬로푸드, 로컬푸드, 시즌푸드!

　여러분은 먹으려고 살아요? 아니면 살려고 먹어요? 두루뭉술하게 '잘 먹고 잘 사는 게 좋아요' 하고 답하는 게 편할지도 모르겠네요. 그렇다면 어떻게 먹는 게 잘 먹는 걸까요? 요즈음은 곳곳에서 '유기농'이란 말을 흔히 써요. 외국은 3년간 화학 비료를 쓰지 않은 땅에서 자란 농산물을 '유기농'이라고 나름 정의하는데, 우리나라엔 유기농의 정확한 개념도 아직 없어요. 유기농이 좋긴 좋은 걸까요? 그런데 진정한 유기농이란 무엇일까요?

　미국의 유기농 제품을 생산하는 어떤 기업들은 농약을 쓰지 않으려고 아주 싼 임금에 외국인 근로자들을 고용해 땡볕 아래서 샐러드용 채소의 벌레를 손으로 잡도록 한대요. 이 채소는 다시 경유를 펑펑 쓰며 수천 킬로미터를 달려서 미국 동부로 가고요. 과연 이것이 진정한 유기농일까요?

　거위나 오리의 간은 닭의 간보다 별로 크지 않아요. 그렇게 작은 거위 간을 600그램이 넘게 살찌워 요리를 해 먹으려면 거위에게 어떤 짓을 해야 하

는지 아세요?

　한 가지만 더 얘기해 볼게요. 뮌헨 사람들은 주로 북해에서 잡히는 새우를 먹는데, 이 새우는 북해에서 잡아 아프리카까지 가서 그곳에서 껍데기를 까서 다시 독일로 가져온대요. 그렇게 해도 독일에서 새우를 까는 것보다 경제적이라네요. 그런데 죽은 새우의 긴 여행을 생각해 보세요. 그 막대한 에너지의 낭비를 그저 내 돈 아니라고 보고만 있어야 하는 걸까요?

　혀끝의 만족을 위해 자원을 불필요하게 낭비한다면, 그건 어쩌면 허영일지도 몰라요.

　자, 이 책에서는 세계 여러 나라의 음식 문화에 대해 이야기할 거예요. 책을 읽으면 모든 문화가 그렇듯 음식 문화 역시 그곳의 풍토와 관습 등 여러 가지가 어우러졌다는 걸 알 수 있을 거예요. 그리고 세계 전통 음식 대부분이 가장 가까운 곳에서 나는 제철 재료로 가장 전통적인 방법으로 만든

음식이란 걸 알게 될 거예요. 이게 바로 슬로푸드 〔여유식〕, 로컬푸드 〔지역음식〕, 시즌 푸드 〔제철음식〕예요.

어때요? 세계 음식 문화를 알면 저절로 잘 먹고 잘 사는 방법을 알 수 있겠지요?

2010년 11월

김선희

차례

작가의 말 미래는 슬로푸드, 로컬푸드, 시즌푸드! 004

★1장
아프리카 이야기

건강 밥상의 비결은 바로 자연 012 옛날에는 인간도 모두 날고기를 먹었대 015 하루에 두 끼만 먹는 케냐의 마사이 족 018 아프리카 초원의 온갖 동물 꼬치구이 나마쵸마 020 옥수수로 만든 죽 우갈리 022 바나나, 코코넛, 대추야자가 주식이야! 024 염소가 커피를 발견했다고? 028 금요일은 꾸스꾸스 먹는 날 030 가뭄과 식량 부족으로 타들어 가는 아프리카 031

★2장
유럽 이야기

전쟁과 식민지 개척으로 풍성해진 유럽 식탁 038 눈을 즐겁게 하는 프랑스 요리 040 크루아상은 어쩌다 프랑스 빵이 되었을까? 044 티타임을 중요시하는 나라, 영국 046 영국 음식은 먹을 게 없다? 048 독일의 브레첼과 맥주 053 뮌헨의 맥주 잔치, 옥토버페스트 055 감자를 먹지 않던 유럽 사람들 056 가장 대중적인 세계인의 음식, 파스타 060 악마의 열매, 토마토 064 두꺼운 건 이탈리아 피자가 아니야! 066 하루에 다섯 끼를 먹는 에스파냐 사람들과 파에야 068 녹인 치즈에 살짝 찍어 먹는 스위스의 퐁듀 071 건강에도 좋고 맛도 좋은 슬로푸드 073 유럽 사람들의 식사 예절 077

★3장
아메리카 이야기

인디오와 옥수수 문명 080 우정의 상징 '마테 차'와 숯불구이 '아사도' 084 인디오 들의 슬픈 역사 '사탕수수'와 '페이조아다' 085 신들의 열매 초콜릿 089 패스트푸드의 대명사, 핫도그와 햄버거 092 건강을 해치는 화학 조미료, 식품 첨가물 096 첫 수확을 감사하는 추수 감사절과 칠면조 요리 100

★4장
오세아니아 이야기

오스트레일리아 원주민 음식 부시 터커 104 오지의 땅 아웃백 고기 106 마오리 족의 돌찜 음식, 항기 요리 107 사람고기를 먹었던 마오리 족 109 키위의 나라 뉴질랜드 111

★5장

아시아 이야기

아시아 인들의 가장 대표적인 주식, 쌀 116 젓가락, 손가락 그리고 포크 118 네발 달린 것이라면 책상 빼고 다 먹는다는 중국 119 시장판의 거지가 개발한 베이징 통오리 구이 123 곰보 아줌마네 두부, 마파두부 126 국수는 중국이 먼저일까, 이탈리아가 먼저일까? 127 차를 물처럼 마시는 중국 사람들 129 해산물이 풍부한 일본 음식 132 덴푸라 때문에 목숨을 잃은 도쿠가와 이에야스 134 개고기에 대한 진실 135 한 달 동안의 금식, 라마단 141 전쟁터에서 시작된 케밥 143 채식주의 나라 인도 145 신분과 계급에 따라 먹는 음식이 달리 있다고? 148 가장 오래된 천연 양념 소금 149 간디의 소금 행진 151 중국과 인도의 영향을 받은 태국 음식 152 베트남 쌀국수 포 153 세계 최고의 커피는 인도네시아의 원숭이 똥? 156 아시아 사람들의 식사 예절 158 채소를 먹지 않는 몽골 사람들 161 건강 음식! 한국 음식! 164 한국 사람들의 인기 향신료, 마늘과 고추 168 세계에서 유일한 한국의 '채소 쌈 싸먹기' 170 유교 문화가 가득 담긴 한국 음식 172

맺는말 우리는 미래에 어떤 음식을 먹어야 할까? 175

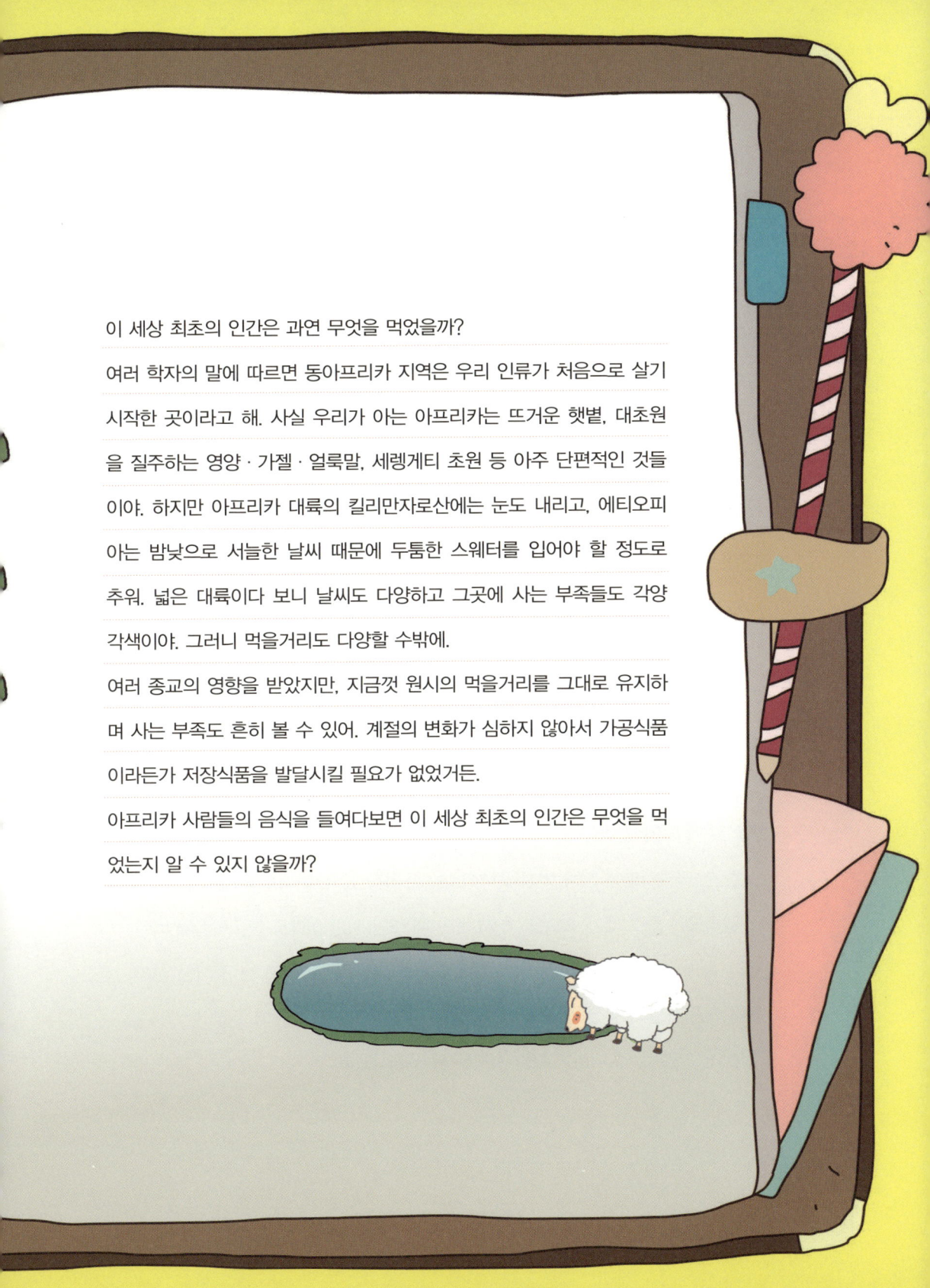

이 세상 최초의 인간은 과연 무엇을 먹었을까?

여러 학자의 말에 따르면 동아프리카 지역은 우리 인류가 처음으로 살기 시작한 곳이라고 해. 사실 우리가 아는 아프리카는 뜨거운 햇볕, 대초원을 질주하는 영양·가젤·얼룩말, 세렝게티 초원 등 아주 단편적인 것들이야. 하지만 아프리카 대륙의 킬리만자로산에는 눈도 내리고, 에티오피아는 밤낮으로 서늘한 날씨 때문에 두툼한 스웨터를 입어야 할 정도로 추워. 넓은 대륙이다 보니 날씨도 다양하고 그곳에 사는 부족들도 각양각색이야. 그러니 먹을거리도 다양할 수밖에.

여러 종교의 영향을 받았지만, 지금껏 원시의 먹을거리를 그대로 유지하며 사는 부족도 흔히 볼 수 있어. 계절의 변화가 심하지 않아서 가공식품이라든가 저장식품을 발달시킬 필요가 없었거든.

아프리카 사람들의 음식을 들여다보면 이 세상 최초의 인간은 무엇을 먹었는지 알 수 있지 않을까?

건강 밥상의 비결은 바로 자연

"서둘러! 저기 벼랑 쪽으로 어서 뛰어!"

누군가 소리쳤어. 고개를 돌려 보니 정말 저쪽 끝에 낭떠러지가 있었어.

"뭐 해, 어서 달리라니까!"

아이는 벼랑을 향해 무작정 달렸어. 벌써 들소들이 뒤를 바짝 따라붙으며 달려왔으니까.

"엄마야!"

아이는 달리고 또 달렸어. 저 들소들 가운데 한 마리만이라도 엉덩이를 들이박는다면 아이는 분명히 100미터도 넘게 나가 떨어질 거야.

"그만! 거기 서!"

아니, 이제 서라고? 아이는 어쩔 줄 몰라 속도를 늦추고 엉거주춤하며 뒤를 돌아보았어.

"엎드려. 이제 엎드려!"

어쩔 수가 없었어. 아이는 고개를 푹 숙이고 땅바닥에 코를 박고 납작 엎드렸지. 그 순간, 마른하늘에 천둥 번개가 내리치는 소리가 났어. 아이를 따라 벼랑을 향해 달려오던 들소 떼가 속도를 추지 못한 채 그만 벼랑 아래로 곤두박질쳐 버린 거야. 들소 떼가 낭떠러지 밑으로 떨어지는 소리가 지진이라도 난 것처럼 한참 동안 허공에 울려 퍼졌어. 곧이어 사람들이 다가와 아이를 칭찬해 주었어.

"잘했어, 꼬맹이. 네 덕분에 오늘 저녁은 퍽 푸짐하겠어."

이건 바로 원시 시대 사람들이 식량을 구하던 모습이야. 아직 도구나 불을 발명하지 못한 인간들은 이렇게 꾀를 내어 주위에서 식량을 얻곤 했어. 차츰 불도 피울 줄 알고 돌도끼 같은 걸 만들어 가면서 인간의 음식도 변해 갔지.

때문에 우리 인간은 원래 고기를 먹는 육식 동물이었다고 말하는 사람들이 있어. 농사 기술도 몰랐으니 주위의 약한 동물을 잡아먹다가 사냥 기술이 늘어 더 강한 동물을 먹게 되었다는 거야.

"어허, 뭘 모르시는 말씀! 처음부터 고기를 먹었을라고?"

무슨 소리냐고? 분명히 처음에는 가까운 나무에서 나는 과일이라든가 풀을 먹었을 거야. 주위에서 쉽게 구할 수 있는 음식을 먹었겠지. 그러다 추위가 다가와 주위에서 열매나 식물을 구할 수 없어지니 그제야 사냥을 했을 거라나!

글쎄 우리가 몇 십만 년 전으로 가 볼 수 없으니 무엇이 정확하다고 말할 수는 없겠지. 단지 그러하리라 추측할 뿐이야. 어쨌거나 원시인들이 지냈던 공간에서 뼈다귀 흔적이 수없이 나왔다는 걸 보면 고대 인류는 아무래도 '육류 섭취 비중이 더 컸을 것' 같아.

구석기 시대의 사람들은 주로 도토리, 개암나무 열매, 고비, 고사리, 쑥 같은 식물을 먹었어. 그런데 말이야, 어떤 게 먹을 수 있는 풀이고, 또 어떤 게 독이 있는 풀인지 어떻게 알았을까?

불 피우는 기술을 깨닫기 전에는 거의 날 음식을 먹었을 테니 배탈은 또 얼마나 자주 났을까? 잘 모르고 독풀을 먹었을 수도 있고. 게다가 지금처럼

세 끼 식사를 규칙적으로 했겠니?
 고기 양이 많은 큰 짐승을 사냥하면 배불리 먹었겠지만 사냥감이 잘 잡히지 않으면 며칠씩 쫄쫄 굶는 일도 자주 있었을 거야. 그래서 구석기 시대 사람들의 수명은 고작 서른 살밖에 되지 않았다고 해.

옛날에는 인간도 모두 날고기를 먹었대

돼지를 여러 마리 기르는 '호티'라는 사람이 있었어. 어느 날, 호티는 여느 때처럼 돼지에게 먹일 도토리를 주우러 숲으로 가면서, 좀 모자라는 아들 '보보'에게 집을 잘 보고 있으라고 했지.

그런데 보보는 그 나이 또래의 아이들이 그렇듯이 불장난을 엄청 좋아했어. 그날도 아버지가 없는 틈에 몰래 불장난을 하다가 마침내 일을 내고 말았어. 불똥이 짚단에 튀었는데, 그 불이 호티의 집 안까지 번져 집이 순식간에 잿더미가 된 거야. 정말 아까운 것은 집에 있던 갓 태어난 돼지 새끼들이었어.

보보는 몹시 놀란 나머지 처음엔 정신을 잃고 말았어. 그런데 그 와중에 한 번도 맡아본 적 없는 어떤 냄새가 코를 찌르는 거야! 어디서 나는 냄새일까? 움막이 타면서 나는 냄새는 아니었어.

때마침, 무슨 계시라도 되는 듯 보보의 아랫입술에서 침이 줄줄 흘러내렸어. 보보는 영문을 알 수 없었지.

허리를 굽혀 혹시 살아 있는 돼지가 있나 들여다보며 쿡 쑤셔 보았어. 손가락이 몹시도 뜨거웠지. 엉겁결에 보보는 손가락을 입에 가져다 댔는데, 그 순간 깨달았어. 군침 도는 냄새와 이 훌륭한 맛은 다름 아닌 바로 불에 탄 돼지였던 거야.

이건 '찰스 램'이라는 유명한 영국 수필가가 들려준 이야기야. 이처럼 인간이 음식을 불에 익혀 먹는 요리법을 발견한 건 아주 우연이었어.

원시인들은 번개가 내리칠 때 불씨를 얻었다가, 그 불씨가 꺼지지 않게 잘 지켰어. 그 불씨로 날이 추워지면 몸도 따뜻하게 하고, 또 잡은 고기도 익혀 먹었지. 익힌 음식을 먹으면서 원시인들은 각종 질병에도 덜 시달리고, 음식의 맛도 알게 되었다고 해.

　아프리카 대륙 남쪽에는 부시맨으로 우리에게 잘 알려진 산 족이 살고 있어. 이들은 예로부터 아주 훌륭한 사냥꾼으로 유명했지.

그런데 기록에 나타나는 원시인들의 생활 방식은 지금의 산 족과 크게 다르지 않아. 이들은 지금도 그저 자연과 더불어 그날 하루 먹을 것을 찾아 자유롭게 돌아다니며 살고 있어.

독사의 독을 화살촉에 묻혀 사냥하고 풀잎이 쓰러진 모양만을 보고 어떤 짐승이 지나갔는지 알아맞히기도 하지.

산 족에게는 아프리카 대자연이 모두 식량 창고야. 멜론은 물 대신 먹고, 땅속에서 캐 낸 뿌리채소는 식량으로 삼아. 크고 튼튼한 타조 알은 물통으로 쓴대.

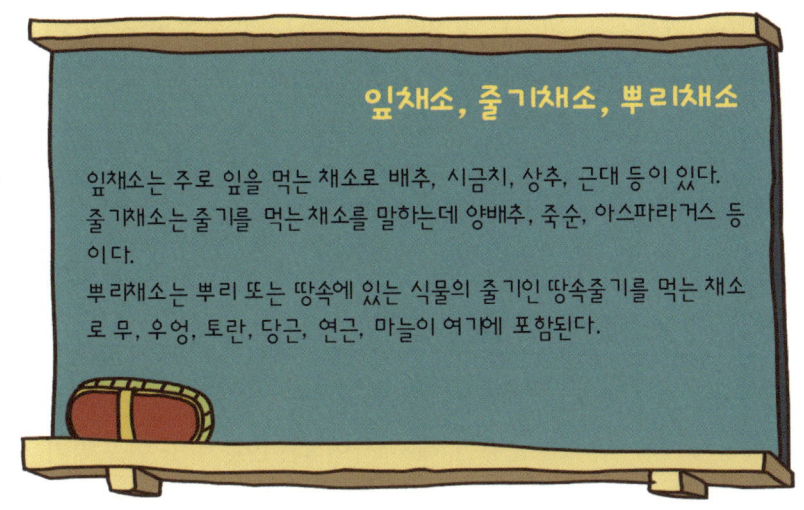

잎채소, 줄기채소, 뿌리채소

잎채소는 주로 잎을 먹는 채소로 배추, 시금치, 상추, 근대 등이 있다.
줄기채소는 줄기를 먹는 채소를 말하는데 양배추, 죽순, 아스파라거스 등이다.
뿌리채소는 뿌리 또는 땅속에 있는 식물의 줄기인 땅속줄기를 먹는 채소로 무, 우엉, 토란, 당근, 연근, 마늘이 여기에 포함된다.

하루에 두 끼만 먹는 케냐의 마사이 족

세상 사람들은 하루 몇 끼를 먹을까? 세계 여러 나라 사람들이 모두 지금의 우리처럼 하루 세 끼 식사를 하는 건 아니야. 농사를 짓지 않아 일정하게 식량을 거두어들일 수 없던 때는 당연히 정해진 시간에 꼬박꼬박 밥을 챙겨 먹을 수가 없었어. 운이 좋아 덩치 큰 짐승을 사냥했다면 기회는 이때다 싶어 한껏 배를 채워두었지.

아프리카의 마사이 부족은 지금도 하루에 두 끼만 먹어. 보통 새벽 4시쯤에 일어나 새벽밥을 먹고 온종일 사막이나 초원으로 소를 끌고 다니다가 오후 3~4시 무렵 집으로 돌아와 또 한 번 식사를 해.

조금씩 나누어서 여러 번 식사하다 보면 열로 발산되어 에너지가 몸에 쌓이지 않아. 그래서 다이어트를 원하는 사람들이 조금씩 여러 번 나누어 식사하는 거란다.

마사이 족처럼 음식을 한꺼번에 몰아서 먹으면 불필요한 에너지 소모를 줄여, 음식이 주는 에너지를 몸이 아껴 쓸 수가 있어.

그러니까 하루 두 끼 식사는 식량을 일정하게 구할 수 없는 곳에서 몸에 에너지를 쌓아 두려는 일종의 적응법이라고 할 수 있지.

하루에 두 끼만 먹고 어떻게 살 수 있느냐고? 그래도 세계에서 가장 건강하고 장수하는 부족으로 유명한 게 마사이 족이야. 이곳 아프리카 사람들은 이렇듯 원시적인 방법 그대로 살지. 커다란 변화를 겪지 않으며 아주 건

강하게 살고 있어. 고유의 음식을 먹고 자연과 아주 가깝고도 친근하게 지내는 것이 건강의 비결이 아닌가 싶어.

중세 이전의 이탈리아 사람들도 하루 두 번의 식사를 했다는 기록이 있어. 그때까지만 해도 유럽은 가난하고 또 먹을 게 귀했거든.

중세에는 왕이나 귀족을 제외한 일반 사람들은 늘 배고픔에 시달렸어. 농작물은 병에 걸려 죽어 가는데 왕족은 세금만 엄청 뜯어가니 로빈 후드와 같은 의적이 생겨나기도 했잖아. 그 어렵던 중세에 밀가루 죽을 먹던 습관이 오늘날의 수프로 이어졌다는 건 몰랐지!

이렇게 하루에 두 번 식사하는 나라도 있지만, 다섯 번 식사하는 나라도 있단다. 에스파냐에는 아직도 하루에 다섯 번 식사하는 사람들이 있어. 뭐, 다섯 번씩이나! 그 얘기는 에스파냐 음식 이야기에서 다시 들려줄게.

아프리카 초원의 온갖 동물 꼬치구이 나마쵸마

"아니, 이게 무슨 냄새지!"

케냐 소년 카리우키는 코를 벌름거리며 고개를 쑥 내밀었어. 악어 고기 냄새인가? 아니, 코끼리 고기 같기도 하고. 아니야, 얼룩말 고기 냄새인데…….

학교를 마치고 집으로 돌아가던 카리우키는 마을 쪽에서 솔솔 풍겨 오는 냄새에 머리카락이 다 쭈뼛 설 지경이었어. 이런 고기 냄새는 평소에는 좀체 맡아볼 수가 없거든. 육류보다 해산물을 더 좋아하긴 하지만 오랜만에 고기 냄새를 맡으니 어서 빨리 달려가 맛을 보고 싶었어. 카리우키는 걸음을 빨리했어.

아니나 다를까 마을에 도착하니 마을 한가운데 공동 마당에서 여자들이 불을 피워 놓고 그 위에 가느다란 꼬치에 끼운 갖가지 고기를 이리저리 돌려 가며 굽고 있네. 카리우키의 입에 금세 침이 고였어.

"와! 맛있겠다. 근데 오늘 무슨 날이에요? 나마쵸마를 다 하고……"

카리우키는 커다란 그릇을 가운데 놓고 둘러앉은 친척들에게 다가갔어. 근처에 앉아 차이를 마시고 있는 할머니에게 물었지. 차이는 홍차에 우유를 섞어 만든 음료수인데 식민지 시절 영국, 인도의 영향을 받은 동아프리카의 음식이야.

"뒷집에 결혼식이 있었다. 마을 사람들한테 신랑이 한턱내는 게지. 이 녀석아! 아직 익지도 않은 걸 그새 손대면 어째? 그것도 왼손으로……"

할머니는 카리우키의 손등을 찰싹 때렸어.

이슬람교의 영향을 받은 케냐 사람들은 왼손은 더럽다고 여겨서 음식을 먹을 땐 꼭 오른손만을 이용해. 그러거나 말거나 카리우키는 꼬치 하나를 들고 냅다 도망쳤어. 지금 얼른 하나라도 챙겨 먹어 둬야지, 이따가 아이들이 학교에서 모두 돌아오면 고기는 구경도 못할지 모르거든.

보통 늦은 아침을 먹고 하루 두 끼를 먹는데, 이나마 때를 놓치면 이따가 엄청 배가 고플 테니까 말이야.

나마쵸마 Nyama Choma 는 꼬치구이와 비슷한데 주로 사파리에서나 볼 수 있는 사슴이라든가 악어·코끼리·얼룩말 등과 같은 동물을 잡아 꼬치에 끼워 구워 먹는 음식이야.

요사이는 야생 동물을 보호하려고 특정 동물을 사냥하는 건 법으로 금지했지만 주변의 동물들이 이제껏 아프리카 사람들의 식량이었잖아. 참, 그렇다고 모든 동물을 다 먹는 건 아니야.

카리우키네 마을에서는 사슴 고기를 먹지 않거든. 사슴이 순해서 용감해야 할 사람들에게 어울리지 않는다고 여기기 때문이야.

하지만, 옆 마을 사람들은 사슴 고기를 아주 즐겨 먹어. 먹기에 아주 부드럽다고 생각하거든. 대신 그 부족 사람들은 악어 고기를 먹지 않아. 악어 고기를 먹으면 재수가 없다나.

아프리카 부족은 이렇게 저마다의 이유 때문에 서로 금기시하는 음식이 달라.

옥수수로 만든 죽 우갈리

나마쵸마는 특별한 날에나 먹을 수 있는 음식이고, 아프리카에서는 주로 옥수수를 곱게 갈아 만든 우갈리^{Ugali}를 주식으로 먹어.

아프리카 고유 음식은 조리 과정이 복잡하지 않고 비교적 단순한 것들이 많아. 계절 변화가 심하지 않은 편이라 저장 음식이라든가 복잡한 요리법을 개발할 필요를 느끼지 못하고, 대신 사시사철 주변의 흔한 제철 과일 등을 이용해 음식으로 먹었어. 불행하게도 오래전부터 여러 이민족의 지배를 받아서 딱히 이것이 바로 아프리카 음식이라고 알려진 대표적인 음식은 없어.

그래도 아프리카 원주민만의 고유한 음식을 대라면, 바로 옥수수 죽 '우갈리'를 꼽을 수 있을 거야. 죽은 이 세상에서 가장 오래된 음식이야. 빵을 만드는 기술을 알기 훨씬 전부터 먹었으니까.

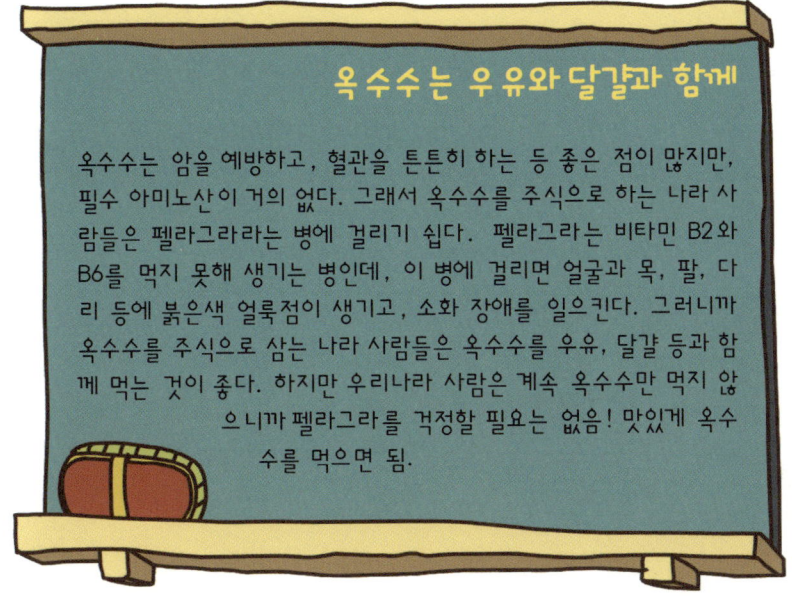

옥수수는 우유와 달걀과 함께

옥수수는 암을 예방하고, 혈관을 튼튼히 하는 등 좋은 점이 많지만, 필수 아미노산이 거의 없다. 그래서 옥수수를 주식으로 하는 나라 사람들은 펠라그라라는 병에 걸리기 쉽다. 펠라그라는 비타민 B2와 B6를 먹지 못해 생기는 병인데, 이 병에 걸리면 얼굴과 목, 팔, 다리 등에 붉은색 얼룩점이 생기고, 소화 장애를 일으킨다. 그러니까 옥수수를 주식으로 삼는 나라 사람들은 옥수수를 우유, 달걀 등과 함께 먹는 것이 좋다. 하지만 우리나라 사람은 계속 옥수수만 먹지 않으니까 펠라그라를 걱정할 필요는 없음! 맛있게 옥수수를 먹으면 됨.

케냐, 탄자니아 같은 동아프리카 지역에서는, 물이 없어도 비교적 잘 자라나는 옥수수를 가루로 만들어 따뜻한 물에 개어 죽처럼 만들어 먹어. 동아프리카와 중앙아프리카 지역에서는 보통 잡곡, 보리, 카사바 등 다양한 재료를 사용하기도 해.

맛은 꼭 단맛이 덜한 백설기 같다고나 할까. 어쨌든 심심해서 주식으로 먹기엔 그만이지.

똑같은 음식이지만 남부 아프리카에서는 밀리밀 Mealie-meal, 서부 아프리카에서는 방구 Banku, 잠비아서는 은시마 Nsima 라고 각기 달리 불러.

우갈리는 뜨겁게도 차갑게도 먹을 수 있을 뿐만 아니라 뭉친 것을 튀겨 먹기도 해. 먹을 때는 손가락으로 조물조물해서 먹기 좋은 모양으로 만들어 먹어.

처음 백인들은 흑인들이나 먹는 음식이라고 이 우갈리를 거들떠보지도 않았대. 손으로 직접 음식을 만지는 행동도 불결하다고 여겼거든. 하지만, 다른 사람의 입속에 들어갔던 포크를 사용하는 유럽 사람들 역시 아프리카 사람들 눈에는 불결하게 보이는 건 마찬가지였단다.

바나나, 코코넛, 대추야자가 주식이야!

아프리카 대륙의 빅토리아 호수 근처에 사는 우간다 사람들의 주식은 바나나야. 바나나를 어떻게 밥으로 먹을 수 있느냐고? 우리가 생각하는 바나나와는 품종이 달라. 이 바나나는 삶거나 쪄야 먹을 수가 있거든. 그러면 약간 감자 맛이 난다고 해. 여기에 양배추, 양파, 토마토를 넣은 수프를 국처럼 먹어.

바닷가에 사는 스와힐리 사람들은 코코넛^{야자나무 열매}을 갈아서 즙을 내 그 물로 밥을 지어. 여기에 기름에 튀긴 생선과 수프를 함께 먹지. 어때? 간식으로만 알았던 열대과실이 아프리카에서는 훌륭한 주식 역할을 톡톡히 하고 있지?

아프리카 북부의 모로코, 알제리, 튀니지, 리비아와 같은 곳에는 넓은 사막이 펼쳐진 곳이 아주 많아. 풀 한 포기 자라지 않는 메마른 땅에서 사람들은 도대체 무얼 먹고 살까?

사막이 아름다운 건 어딘가에 오아시스를 품고 있기 때문이란 말 들어봤니? 그래, 바로 《어린 왕자》에 나오는 대목이야. 사막에는 오아시스가 있지. 오아시스 주변에는 다행히 동식물이 자랄 수가 있다는구나.

그럼 사막에 사는 유목민들은 오아시스가 어디 있는지 도대체 어떻게 알까? 어느 순간 모래 바람이라도 불어오면 이쪽에 있던 언덕이 저쪽으로 확 옮겨 가는데 말이야.

유목민들은 밤하늘에 있는 별자리를 보고 방향을 파악할 수가 있대. 그래서 오아시스가 어디 있는지 척척 알아맞힐 수가 있다는 거야.

오아시스 근처에서 자라는 나무 중 대추야자가 있는데, 이 대추야자는 사막에 사는 사람들에게 아주 중요한 식량이야. 대추야자는 사우디아라비

아, 이란, 파키스탄 등 중동 지역에서도 나는데 지금도 아랍계 항공사를 타면 기내에서 간식으로 말린 대추야자를 승객에게 주는데, 어찌나 단지 처음 먹어 보는 사람은 그 단맛에 혀를 내두를 정도야.

대추야자는 말리면 단맛이 아주 강해지고 또 부피와 무게도 줄어들어 옛날 양 떼를 몰고 이곳저곳을 이동하던 유목민들에게는 분명히 아주 요긴한 음식이었지. 무더운 날씨 속에서 바싹 마른 대추야자 열매하고 낙타의 젖은 생명의 양식이자 주식이었어.

아프리카나 남아메리카 사람들처럼 옥수수를 주식으로 하는 나라도 있지만, 세계에서 가장 인기 있는 주식은 바로 밀빵이야. 밀은 기원전 1만 년 무렵부터 재배한 가장 오래된 작물이면서 인류의 가장 오래된 주식이기도 해.

고대 이집트의 벽화를 보아도 밀을 수확해 빵과 맥주를 만들어 먹었다는 걸 알 수 있지. 보통 평민들은 보리로 만든, 먹기에 좀 거친 빵을 먹었고 부자들만 부드러운 밀 빵을 먹었어.

중국 사람들은 빵 대신 국수를 만들어 먹었고. 지금도 북부 인도 사람들은 발효시키지 않은 밀가루 반죽을 철판 위에 굽는 차파티Chapati를 주식으로 먹어.

동남아시아라든가 우리나라와 같은 아시아 지역에서는 쌀을 주식으로 삼고 있어. 이 밖에도 감자, 고구마, 토란, 마 같은 뿌리채소를 주식으로 하는 사람들도 있는데 남아메리카와 남부 태평양 사람들은 고산 지대에서도 잘 자라면서 비교적 특별한 기술 없이 쉽게 재배할 수 있는 이 뿌리채소를 주식으로 먹고 있지.

염소가 커피를 발견했다고?

전 세계인의 음료로 가장 사랑받는 커피. 세계 최대 커피 생산지는 중남미지만 고급 커피의 대명사로 불리는 아라비카 커피는 해발 1,000~2,000미터의 고산 지대인 에티오피아의 산비탈에서 재배해. 에티오피아는 커피가 처음 난 곳, 그러니까 커피 원산지로도 아주 유명해.

약 1,400년 전 에티오피아의 카파라는 지역에 염소 치는 목동 칼디Kardi가 살았어. 그날도 어김없이 염소들을 데리고 산기슭에 나가 풀을 먹였는데 다른 날과 달리 염소 떼가 흥분해서 마구 날뛰는 거야.

무슨 이유일까, 궁금했던 칼디는 산기슭을 자세히 살펴보았어. 가만 보니 염소들이 붉은색 열매를 따 먹은 흔적이 있네.

저게 뭘까, 궁금했던 칼디는 자신도 그 열매를 따 먹어 보았어. 그랬더니 왠지 생기가 돌면서 머리가 맑아지는 기분이 들었어.

마을 사람들은 이 열매가 피곤함을 덜어 주고 또 기운을 내는 데 도움을 준다는 걸 알아냈어. 커피는 곧 그곳 성직자들 사이에 인기를 끌었지.

이슬람교의 영향을 받았던 당시 북부 아프리카 지역에는 이슬람 성직자들이 많이 살고 있었는데, 엄격한 수도원 생활에 이 커피가 큰 도움이 되었던 거야.

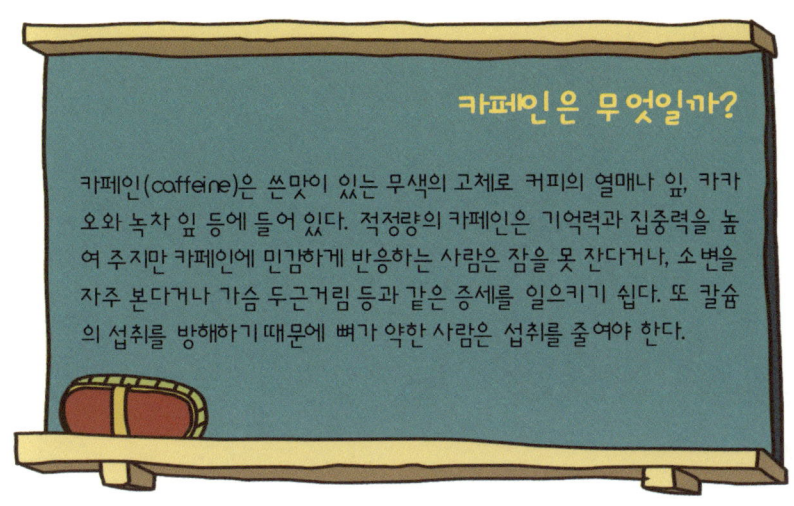

카페인은 무엇일까?

카페인(caffeine)은 쓴맛이 있는 무색의 고체로 커피의 열매나 잎, 카카오와 녹차 잎 등에 들어 있다. 적정량의 카페인은 기억력과 집중력을 높여 주지만 카페인에 민감하게 반응하는 사람은 잠을 못 잔다거나, 소변을 자주 본다거나 가슴 두근거림 등과 같은 증세를 일으키기 쉽다. 또 칼슘의 섭취를 방해하기 때문에 뼈가 약한 사람은 섭취를 줄여야 한다.

　성직자들을 통해 이 열매는 이집트와 예멘으로 흘러들어 가서 한때 종교 의식에 사용되기도 했어.
　중동의 사막에 사는 사람들은 며칠 밤 사막을 헤매다 오아시스를 만나면 커피를 마시면서 잠을 쫓기도 하며 피로도 풀었어.
　하지만, 보수적인 이슬람 성직자들은 커피가 신경을 자극한다며 커피를 금지해 버렸어. 그때는 알지 못했겠지만, 커피에 함유된 카페인 성분 때문이었어.
　이처럼 커피 금지령까지 내려졌음에도 커피의 인기는 날로 높아만 갔지. 특히 그리스 인과 지식인들 사이에서의 인기를 꺾을 수 없어서 결국 이 금지령은 폐지되었어.

이후 1575년 이스탄불에 세계 최초의 커피 가게 키브 한^{Kiv Han}이 들어서면서 커피는 이슬람 세계는 물론이고 유럽으로까지 빠른 속도로 번져 나갔어.

금요일은 꾸스꾸스 먹는 날

아프리카 대륙 북쪽 맨 위에 있는 모로코.

이곳 사람들은 모로코가 머리는 유럽을, 다리는 아프리카를, 마음은 이슬람교를 향하고 있다고 생각해.

모로코에 사는 하싼네 집은 금요일마다 전통 음식 꾸스꾸스를 먹어. 원래 사막에서 시작된 요리 꾸스꾸스는 이제 모로코 사람이라면 누구나 즐기는 보편적인 음식이 됐지.

꾸스꾸스는 파스타를 만드는 것과 같은 종류인 듀럼 밀가루를 쪄 내고, 그 위에 향신료를 넣어 끓인 육수와 익힌 제철 채소를 얹어 먹는데, 육수는 보통 송아지 고기를 최고로 쳐.

다른 여러 가지 고기도 먹지만 돼지고기는 먹지 않아. 이슬람교도들은 돼지고기를 먹지 않거든.

그런데 왜 금요일마다 꾸스꾸스를 먹느냐고? 오른손을 이용해 조물조물

먹는 이 음식에 '신의 은총이 깃들었다' 라는 믿음이 담겨 있기 때문이야.

금요일은 이슬람교를 믿는 사람들이 사원에 가서 기도를 드리는 날이거든. 금요일 정오면 알라께 기도를 드리고, 온 가족이 함께 모여 이 특별한 꾸스꾸스를 먹으며 신의 은총을 생각하지.

고기는 그리 흔한 음식이 아니기에 일주일에 한 번 중요한 날에만 먹을 수 있었어.

오늘날의 꾸스꾸스는 근처 리비아 사람들은 물론 유럽의 골목 구석구석까지 퍼진 가장 대중적이고도 일상적인 아프리카 음식이 되었지.

가뭄과 식량 부족으로 타들어 가는 아프리카

몇 만년이 지난 지금, 아프리카 사람들의 수명은 구석기 시대 사람들보다 고작 20년 더 긴 50살 정도야.
우리나라 사람들의 평균 수명이 80세 이상이라는 것과 비교해 보면 상당히 짧은 편이야.

요즈음의 많은 아프리카 부족들은 전통적인 삶을 버리고 서양 사람들처럼 산다고 해.

전통적인 생활 방식을 따르는 부족은 깊은 오지에서 사냥과 목축으로 근근이 생활해 나가고 있어. 그런데 자연과 더불어 사는 이들의 수명은 왜 이

리 짧은 걸까?

사실 아프리카는 농작물 재배에 알맞지 않은 기후 때문에 식량이 턱없이 부족한 편이었어.

전통적인 수렵과 채집 방식으로 아프리카 사람들은 부족하지만 나름 만족하면서 살았지. 물이 적은 데다, 가뭄이 흔해서 여기저기 이동하면서 목축을 해 왔어.

가축은 아프리카 사람들에게 아주 큰 재산이야. 정착해 농사를 짓고 사는 사람들과 곡식을 맞바꿀 수도 있었으니까.

그런데 1920년대부터 프랑스의 식민지 관리들이 목화를 생산하려고 목화밭을 만들면서 아프리카는 가축을 먹일 초원 지대가 급속히 줄어들었어.

이것을 시작으로 가뭄과 기근으로 굶어 죽는 일이 오늘날까지 이어지고 있어.

자연조건은 무시하고 식민지 관리들이 식물뿐만 아니라 동물도 제멋대로 키워댄 탓에 많았던 초원 지대가 사막으로 바뀌어 버린 거야.

북부 중앙아프리카의 건조 지대에서 시작된 가뭄은 사하라 사막까지 퍼졌고, 수십만 명의 아프리카 사람들이 굶어서 목숨을 잃기도 했지. 거기에 내란과 에이즈로 지금 아프리카의 많은 사람이 끼니를 연명하기 힘든 삶을 살고 있어.

요즈음은 지구 온난화로 온 세계가 속을 끓이고 있지. 온난화란, 사람들이 석유라든가 석탄과 같은 에너지 소비가 늘어나고 공기 중에 이산화탄소가 점점 많아지면서 지구가 마치 솜이불을 덮어쓴 것처럼 더워지는 것을 가리키는 말이야.

지구가 더워지면 어떤 일이 생길까? 우선 북해의 얼음이 녹아 수면이 높아져. 그 결과 태평양의 섬들이 조금씩 물에 잠기고 있지.

뿐만이 아니야. 지구가 더워지면 홍수랑 태풍도 잦아지고 이런 불안정한 날씨 때문에 농사도 제대로 지을 수가 없어.

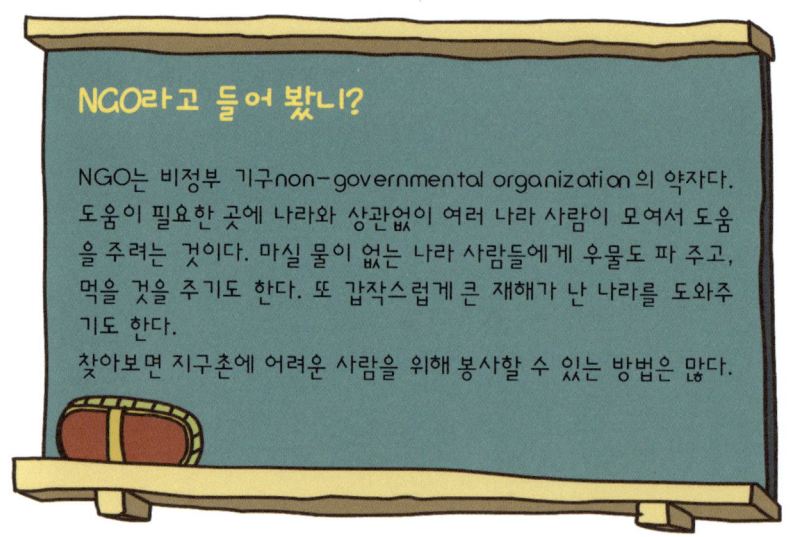

NGO라고 들어 봤니?

NGO는 비정부 기구non-governmental organization의 약자다. 도움이 필요한 곳에 나라와 상관없이 여러 나라 사람이 모여서 도움을 주려는 것이다. 마실 물이 없는 나라 사람들에게 우물도 파 주고, 먹을 것을 주기도 한다. 또 갑작스럽게 큰 재해가 난 나라를 도와주기도 한다.
찾아보면 지구촌에 어려운 사람을 위해 봉사할 수 있는 방법은 많다.

가뜩이나 가뭄에 허덕이는 아프리카야말로 지구 온난화의 가장 큰 피해를 본 지역이야. 이 가뭄 때문에 아프리카는 씻는 물은 고사하고 마실 물도 없어서 생명의 위협을 느끼고 있는 실정이야. 가축을 키울 물도, 곡식을 재배할 물도 당연히 부족하겠지.

세계 곳곳의 여러 NGO에서 아프리카에 우물을 파 주자는 캠페인을 진행하는 것도 바로 이런 이유 때문이기도 해.

유럽 대륙은 크고 작은 여러 나라가 모여 있지만, 정치적, 경제적으로는 커다란 하나의 공동체를 이루며 살고 있어.

동전에 들어간 무늬는 나라마다 다르지만, 유로화라는 공통된 화폐를 쓰는 것을 보아도 잘 알 수 있지. 유로화는 각기 나름의 개성과 고유성을 존중하면서도 서로의 이익을 위해서는 한데 어울려 협동하는 유럽의 모습을 보여 주는 것 같아.

유럽 사람들의 종교는 대부분 기독교야. 그렇기 때문에 딱히 먹어서 안 되는 금기 음식은 없어.

식사할 때는 육식을 주로 하기에 포크와 나이프를 이용하고 식탁에는 항상 빵을 둔단다. 먹는 음식이 비슷하기에 유럽 여러 나라의 식사 예절도 크게 다르지 않아.

전쟁과 식민지 개척으로 풍성해진 유럽의 식탁

지금의 유럽 식탁은 십자군 전쟁과 콜럼버스의 식민지 개척의 영향을 많이 받았어.

그전까지 유럽 사람들은 하루 두 끼를 먹으며 그저 단순한 식사를 했지. 중세 시대의 그림을 보아도 고기를 통째로 식탁 위에 올려 두고 먹는 장면을 흔하게 볼 수가 있어.

십자군 전쟁은 11세기 말에서 13세기 말 사이에 유럽의 기독교 교도들이 성지 팔레스티나와 성도 예루살렘을 이슬람교도들로부터 빼앗으려고 벌였던 전쟁인데, 이때 동양의 음식 재료가 유럽으로 많이 흘러들어 갔어.

또 콜럼버스가 신대륙에서 감자, 토마토, 고추, 옥수수, 강낭콩, 고구마, 파인애플, 땅콩, 카카오 등의 씨앗과 열매 그리고 바닐라 같은 각종 향신료 등을 유럽에 전하면서 유럽의 식탁이 풍성해지고 크게 발전했지.

그중 향신료는 당시 유럽 사람들에게 아주 놀라운 품목이었어. 중세에는 냉장 시설이 없었잖아. 후추, 클로브, 사프란, 바질과 같은 향신료는 음식의 맛을 더해 줄 뿐만 아니라 음식을 더디 상하게 하면서 또 오래 저장한 고기 특유의 냄새를 없애 주는 탁월한 효과가 있어.

그래서 고기를 즐기던 유럽 사람들에게 이 각종 향신료는 당시 엄청난 인기를 끌었어.

콜럼버스는 신대륙에서 발견한 여러 가지 것들을 배에 싣고 고향으로 돌아가 여왕님께 바쳤어. 처음 유럽에서는 이것을 아주 귀하게 여겨서 왕이나 정말 높은 귀족만 사용할 수 있었지만 맛있는 소문은 발 없이도 천 리를 가는 법. 향신료의 인기는 날로 높아만 갔지.

당시 이탈리아의 도시 베네치아는 이 향신료 무역을 독점한 덕분에 큰

이익을 남겨서 엄청난 부를 쌓았지. 이 때문에 중세부터 르네상스 시대에 이르기까지 이탈리아가 유럽의 중심지 노릇을 할 수 있었던 거야.

르네상스란, '재생, 부활'을 뜻하는 말로 14세기에서 16세기 사이 이탈리아에서 서서히 일어난 운동이야.

이탈리아는 활발한 지중해 무역을 통해 쌓은 부와 더불어 그리스 로마 문화유산이 풍부했거든. 르네상스 시대를 맞아 이탈리아는 해상 무역 등으로 막강한 부를 얻은 덕분에 풍성한 예술, 문화와 음식을 누리고 있었어.

눈을 즐겁게 하는 프랑스 요리

프랑스는 지리적으로 유럽 교통의 중심지에 있다 보니 역사적으로나 문화적으로 유럽 문화의 중심이 되어 왔어.

프랑스의 음식 재료는 아시아의 중국 음식만큼이나 다양해서 이 세상에 있는 거의 모든 재료를 음식으로 만들어 왔다고 할 수 있어.

그중에서도 거위 간 요리 푸아그라, 개구리 뒷다리 요리 퀴스 드 그르누이, 달팽이 요리 에스카르고는 프랑스를 대표하는 음식이야.

프랑스 음식은, 눈으로 먹는 음식이라는 말이 있는데, 일단 먹기 전에 눈이 즐거워야 한다고 믿기에 음식 치장에 퍽 많은 공을 들이는 편이야.

커다란 접시 가운데 자그마한 음식을 놓고 각종 소스로 화려하게 장식을 해서 마치 먹기에 아까운 예술 작품처럼 보이기도 해. 잘나가던 시절, 음식에 부리던 사치가 지금까지도 그대로 전해져 내려온 것 같아.

그런데 사실 프랑스 음식이 크게 발전한 것은 이탈리아의 음식 덕분이라는 거 알고 있니? 르네상스 시대에 유럽의 중심이었던 이탈리아, 그중 피렌체의 메디치 가문 출신 캐서린이 프랑스 왕하고 결혼할 때, 고향 피렌체의 이탈리아 주방장들과 과자 기술자들을 데리고 가 프랑스에 음식을 전수했거든.

르네상스의 진원지 이탈리아의 음식을 받아들이면서 프랑스는 의식주 모든 분야에서 문화가 크게 발전할 수 있었지.

그리고 또 하나, 영국 사람들이 차를 즐기는 것처럼 프랑스 사람들은 포도주를 즐겨 마셔.

다른 유럽 국가들과 달리 프랑스는 일조량이 풍부해 포도를 재배하기에 알맞아서 세계 제일의 포도 생산국의 명예를 안고 있지. 그런 만큼 프랑스 사람들은 포도주를 무척 사랑해.

이들에게 포도주란 특별한 날의 기분을 띄우거나 흥을 돋우는 것이 아닌 식전에 입맛 돋우기, 식후 디저트는 물론 식사 중에도 마시는 음료의 역할을 하고 있어. 물론 요리할 때도 포도주를 넣지. 고기나 생선 요리에 포도주를 넣으면 음식 재료가 훨씬 더 부드러워지고 향기도 좋아지거든.

포도주는 프랑스 사람들의 생활 속에 아주 깊이 파고들어 있어서 포도주 없는 식탁은 상상할 수도 없대. 그러니 프랑스에 '포도주 없는 식탁은 해가 뜨지 않는 하늘과 같다' 라는 속담이 다 있겠지!

　　프랑스 사람들이 자랑하는 에스카르고 요리는 살짝 익힌 달팽이 입구 속에 마늘하고 파슬리 향을 낸 버터를 잔뜩 넣고 구워서 빵과 함께 먹는 요리야.
　　지금이야 달팽이 요리를 노화 방지에도 좋은 건강식이라며 최고급 요리로 쳐주지만 사실 달팽이 요리의 기원은 15세기 무렵 프랑스의 대법관이 자기 포도밭의 천덕꾸러기 달팽이를 가난한 사람들한테 떠넘기려는 계

략에서 시작되었어.

    포도 잎을 좋아하는 달팽이들이 포도 잎사귀를 하도 갉아먹자, 달팽이를 없애려고 농민들에게 달팽이를 잡아먹게 시켰다는 거야. 어쨌거나 덕분에 다양한 요리법이 개발되어 지금은 무려 20여 가지의 달팽이 요리법이 있으니 다행이라고 해야 하나?

    푸아그라는 지방 함량이 높아 퍽 부드러워서 프랑스 사람들이 크리스마스와 같은 특별한 명절에 먹는 값비싼 고급 요리야. 거위나 오리의 간을 밀가루 반죽을 입혀 오븐에 구워 먹기도 하고, 수프에 넣어 끓여 전채요리**식전에 식욕을 돋우기 위해 먹는 음식**로도 먹어.

    사실 이 푸아그라는 거위 간을 부풀리는 과정에서 동물 학대가 이루어지기 때문에 좀 야만적인 음식이라 요사이는 많은 이들로부터 비판을 받고 있어.

    인간의 음식이 될 거위는 하루에 두 번씩 한 바가지나 되는 옥수수를 먹어. 먹는 게 아니라 억지로 퍼붓는다는 게 올바른 표현일지도 몰라. 거위가 입을 다물지 못하게 사람들이 주둥이에 파이프를 박고 거기에 옥수수를 쏟아 넣으니까.

    그렇게 지나치게 음식을 많이 먹어 지방간이 생긴 오리를 꼼짝 못하게 좁은 곳에 가두어 둬. 운동하면 간이 줄어들고 살이 빠지니까 사육 업자들은 거위들을 계속 이렇게 키운대.

    그렇게 하면 작은 고구마만 하던 거위의 간이 두 배로 부풀어 올라. 이런 잔인한 사육 방법 때문에 요즘 일부 요리사들은 푸아그라 요리를 거부하기도 해.

우리 인간의 혀끝 즐거움을 위해 이런 동물 학대가 벌어지는 게 과연 올바른 것인지 가끔은 궁금해질 때가 있어. 너희는 어떻게 생각하니?

크루아상은 어쩌다 프랑스 빵이 되었을까?

우리에게 프랑스 빵으로 알려진 크루아상은 초승달 모양이고, 크루아상이라는 말 자체도 초승달이라는 뜻이야.

터키, 말레이시아, 파키스탄 국기의 공통점이 뭔지 아니? 눈치 빠른 친구들은 알아차렸을지도 모르지만, 국기 안에 모두 초승달이 있어. 모두 이슬람교를 믿는 나라들이거든.

이슬람교에서 초승달이 어떤 뜻이냐고? 마호메트가 신의 계시를 받았을 때 하늘에 초승달이 떠 있었대. 하느님의 말씀이 인간에게 전해질 때 초승달이 떠 있었으니 당연히 이들에겐 특별하겠지.

어쨌거나 우리가 이 크루아상을 프랑스의 빵으로 아는 건 마리 앙투아네트 때문이야.

루이 16세의 왕비로 프랑스 혁명 때 단두대에서 목이 잘린 마리 앙투아네트는 프랑스 사람이 아닌 오스트리아 빈 출신이었는데, 프랑스 음식에 질렸던지 어느 날인가는 고향에서 먹던 크루아상이 몹시도 먹고 싶었어. 그래서 오스트리아에서 제빵사를 데려다가 크루아상을 만들어 먹었지.

오스트리아는 옛날 자기 나라를 침략했던 터키를 빵 모양으로 만들어 잘 근잘근 씹어 먹으며 터키에 복수하고 있었어. 초승달은 터키 이슬람의 상징이거든. 곧 이 빵은 프랑스 귀족 사이에서 크게 유행했어. 이후 빵 만드는 기술이 더욱 보태어져서 지금과 같은 프랑스의 전통 빵 크루아상이 탄생했단다.

티타임을 중요시하는 나라, 영국

홍차가 처음 영국에 전해진 것은 1650년 무렵 동인도 회사가 중국에서 차를 수입해 들여오면서부터야.

동인도 회사가 뭐냐고? 콜럼버스가 아메리카 대륙을 찾아내자 에스파냐, 네덜란드, 영국, 프랑스 등 다른 유럽 국가들도 새로운 땅을 찾아 나설 때였어. 신대륙 개척에 나선 유럽 인들은 인도 대륙을 기준으로 그 동쪽에 있는 섬들은 '동인도 제도', 콜럼버스가 발견한 아메리카 지역은 '서인도 제도'라고 불렀어. 그래서 당시 '동인도 제도'라고 하면 인도, 동남아시아, 중국 등을 두루 일컫는 명칭이었지.

네덜란드를 비롯한 여러 나라는 동인도에 무역 회사를 세웠는데, 이러한 무역 회사들을 일컬어 '동인도 회사'라고 해.

각 나라의 동인도 회사들은 동인도의 특산품인 후추, 커피, 사탕수수, 차, 면포 등의 무역을 둘러싸고 치열하게 경쟁했지.

영국의 동인도 회사는 프랑스, 네덜란드 동인도 회사와의 경쟁에서 승리해 인도 무역의 대부분을 독점했어. 그뿐만 아니라 이를 계기로 인도는 영국의 식민지가 되었어. 그 이후 동인도 회사는 최대의 홍차 무역 회사로 유명해졌지.

홍차가 처음 영국에 수입되었을 때는 가격이 너무 비싸서 아무나 마실 수가 없었어. 19세기 전반까지 계속 그렇게 홍차란 상류층만 누릴 수 있는 특별한 식품이었지.

　상류층 사람들이 차를 마시면서 영국의 차 문화가 크게 발달했어. 차를 퍽 즐겨서 오후에 차를 마시는 '애프터눈 티타임'을 따로 정해 놓을 정도였어.

　《비밀의 화원》에서 꽃밭을 가꾸며 즐겁게 놀다가 먹이를 먹는 종달새를 보고 오후의 차 마실 시간이 됐으니 집으로 돌아가야 한다며 친구들을 재촉하던 휠체어를 탄 소년을 기억하니?

　이렇듯 홍차를 비스킷이나 푸딩과 함께 먹는 '티타임'을 영국인들은 아주 중요하게 여겨. 단순히 쉰다기보다는 사교와 친목을 위해 반드시 필요한 시간이라고 생각해.

　티타임이라고 하면 하루에 아침, 점심, 저녁 때 외에 두 번을 더 포함해서 다섯 번을 뜻하는데 그중 애프터눈 티타임은 오후 4시 즈음, 주로 부인들이 모이는 시간으로 홍차와 케이크를 먹고 마시면서 보내는 사교 시간을 뜻했어.

　애프터눈 티는 19세기 초 어느 공작부인이 만든 관습이라고 하는데, 정확한 유래와 기원은 알 수가 없어. 간단한 점심을 하고 저녁때까지 지루해서 오후 4시 즈음에 차와 버터 바른 빵을 차려 놓고 친구를 초대하면서 생겨난 것이란 말이 있어.

　차를 마시면서 느끼는 안락하고 귀족적인 느낌이 당시 영국 사회에 홍차가 크게 유행한 원인이 되었어. 귀족이라면 이런 차 문화를 꼭 즐겨야 하는 것으로 생각했지.

영국 음식은 먹을 게 없다?

영국 음식은 먹을 게 없다? 영국 음식은 유럽 안에서 이렇게 악명이 자자해. 영국의 풍토가 유럽 본토보다는 좀 척박한 편이라 그다지 다양한 작물이 생산되지도 않았고, 문명이 늦게 들어와서 요리법이 발달하지도 못했어.

원래 금욕과 절제를 강조하던 영국의 분위기에서는 음식을 치장하거나 이것저것 까다롭게 따져 먹는 걸 혐오했지. 자신들의 전통을 중요하게 여기는 영국 사람들은 비교적 단순하고 손쉬운 재료를 이용해 간단한 요리를 즐겨 먹어. 거기에 입맛에 따라 향신료를 넣어 먹을 뿐이야.

커피와 토스트로 아침을 가볍게 먹는 유럽 사람들과 달리 영국 사람들은 잉글리시 브렉퍼스트 English Breakfast 라는 별칭이 있을 정도로 아침을 풍성하게 먹는 편이야.

잉글리시 브렉퍼스트란, 시리얼, 베이컨과 달걀 요리, 토스트에 홍차나 커피를 곁들인 푸짐한 식사를 가리키는 말이거든. '영국 음식은 먹을 게 없다.' 이런 오명이 영국 사람들은 퍽 싫었나 봐. 영국의 신문 〈데일리 메일〉은 '잉글리시 브렉퍼스트'가 과학자들로부터 가장 건강한 아침 식단으로 인정받았다고 보도하며 자기들의 음식을 한껏 치켜세우기도 했으니까 말이야.

대표적인 영국 음식으로는 고깃덩어리에 소금, 후추, 버터를 발라 덩어리째 구워 보통 가정에서 일요일 점심 등에 자주 먹는 로스트비프 roast beef 와 요크셔푸딩 그리고 여러 가지 파이 등 오븐을 이용한 것들이 많아.

로스트비프는 중세 시대 엄격한 가톨릭 전통 때문에 고기를 잘 먹지 못하다가 온 가족이 교회를 다녀온 일요일 점심에 모처럼 푸짐하게 고기를 먹던 풍습에서 유래됐어. 쇠고기를 양념 없이 통째로 오븐에 구워 조리하는데, 이 과정에서 흘러나온 고기 기름에 달걀, 밀가루를 섞어 요크셔푸딩이라는 빵을 만들지. 이 두 가지에 역시 양념 없이 그대로 끓는 물에 푹 익힌 채소를 곁들인 요리가 바로 영국인들이 즐겨 먹는 '선데이 런치'야.

대신 영국은 섬나라여서 생선 요리가 풍부해. 그중 피시 앤 칩스^{fish and chips, 채친 감자와 반죽한 생선을 튀겨 함께 먹는 음식. 콩이라든가 샐러드를 곁들여 먹음}는 아주 대중적이면서도 값싼 음식이기에 영국에 여러 프랜차이즈 음식점이 있을 정도야. 어떤 사람들은 영국에서 먹을 만한 음식은 '피시 앤 칩스'라고 말하기도 해. 그만큼 대중적이고 친근하면서 서민적인 음식이라는 뜻이겠지. 직장인이나 학생들도 점심 메뉴로 많이 즐겨 먹는 편이야.

사실 피시 앤 칩스는 산업화와 더불어 시작된 음식이야. 그 정확한 유래에 대해선 워낙 여러 가지 이야기가 있지만 그중 가장 널리 알려진 이야기를 하나 들려줄게.

> 산업 혁명 시절, 그땐 곳곳에 공장이 세워지기 시작해 어디서나 공장이 즐비했어. 사람들은 도시로 몰려들었고, 도시에 사는 가난한 사람들은 공장에 나가 일을 해야 하루하루 먹고살 수가 있었지. 바닷가 마을 사람들도 물고기를 잡는 대신 이른 아침 도시의 공장으로 출근해 밤늦게 귀가했어. 그런 사람들에게는 쉽고 빠르게 끼니를 해결하는 게 우선이었지.

북해 변을 마주하고 있는 어느 어촌 마을. 그해엔 유난히 생선이 팔리지 않았어. 바다에서 생선을 잡아 도시로 가는 길모퉁이에서 생선을 팔아 근근이 생계를 이어가던 어부가 있었어. 생선은 아직 많이 남았는데 팔리지는 않고 스멀스멀 비린내까지 피어오르는 거야.

"이걸 어째? 팔리지 않으면 모두 내다 버려야 할 텐데……. 아까워서 이걸 어쩌나?"

이 많은 생선을 고스란히 버리고 가야 한다는 생각에 어부는 마음이 착잡하기만 했지.

하지만, 날은 점점 어두워 오고 마침 출출하던 차였어. 어부는 몸을 녹이려 피워 두었던 불 위에 생선을 올려놓았어. 물이 좋지 않은지 생선살은 퍽퍽하고 영 맛이 안 나지 뭐야. 그냥 구워 먹는 것보단 집으로 가져가 양념을 하면 그나마 먹을 만하겠다는 생각이 들었지.

어부는 부둣가 근처 자기 집으로 달려 들어가 이것저것 궁리를 좀 했지. 그러다가 마침내 향신료를 넣은 밀가루 반죽에 생선을 담갔다가 기름에 튀기면 비린내가 좀 덜할 것 같은 생각이 들었어.

"음, 생각보다 괜찮은걸."

하는 김에 집에 남아 있던 감자도 기름에 넣고 튀겨 보았어.

"감자하고 뜻밖에 잘 어울리는걸."

그때 창밖으로 저만치 떨어져 있는 가마솥이 보였어. 누가 내다 버렸는지 며칠째 굴러다니던 거야.

어부는 그 가마솥을 생선 팔던 곳에 가져다 놓고 집에서 했던 대로 생선을 튀겼어. 모험을 해 보기로 한 거야. 어차피 못 팔면 버릴 생선인데 이렇게 버리나 저렇게 버리나 무슨 상관이 있겠어.

사람들이 냄새를 맡고 하나둘씩 모여들었지. 사람들도 좋아했어. 가격도 싼 데다 오가는 길에 걸어가며 먹을 수도 있으니 금상첨화였지. 그때부터 커다란 가마솥에서 튀겨낸 생선을 튀긴 감자와 함께 파는 것이 그곳의 진풍경이 되었어. 피시 앤 칩스는 이렇게 산업화 과정에서 도시 발달과 더불어 생긴 음식이야.

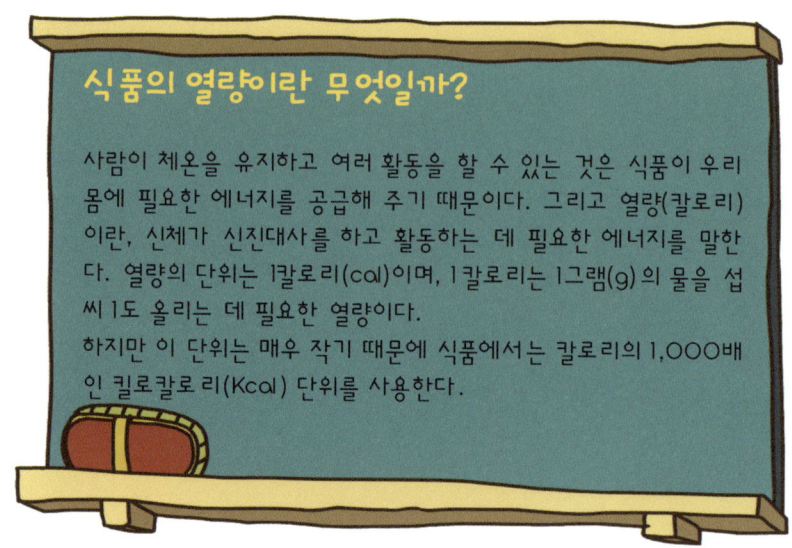

식품의 열량이란 무엇일까?

사람이 체온을 유지하고 여러 활동을 할 수 있는 것은 식품이 우리 몸에 필요한 에너지를 공급해 주기 때문이다. 그리고 열량(칼로리)이란, 신체가 신진대사를 하고 활동하는 데 필요한 에너지를 말한다. 열량의 단위는 1칼로리(cal)이며, 1칼로리는 1그램(g)의 물을 섭씨 1도 올리는 데 필요한 열량이다.
하지만 이 단위는 매우 작기 때문에 식품에서는 칼로리의 1,000배인 킬로칼로리(Kcal) 단위를 사용한다.

19세기 당시, 값이 싸면서도 지방과 단백질을 충분히 공급해 줄 음식이 필요했던 영국 사람들에게는 안성맞춤인 음식이었지. 랭커셔와 요크셔에서 시작된 이 메뉴는 영국 전역으로 퍼졌고 이후 노점상뿐 아니라 전문 음식점도 우후죽순처럼 생겨났어.

피시 앤 칩스는 패스트푸드지만 빨리 만들 수 있다는 점 외에는 햄버거와 닮은 데가 거의 없다고 해. 패스트푸드^{즉석식}란 말 그대로 기다릴 필요 없이 즉시 먹을 수 있는 음식을 말해. 하지만, 요즈음의 패스트푸드는 영양가가 낮고, 열량이 높아서 그리 환영받는 음식은 아니야.

하지만 몸에 좋은 생선과 비타민이 풍부한 감자, 여기에 삶은 콩까지 곁들인 피시 앤 칩스는 빨리 만들 수 있는 간단한 음식이면서도 우리 몸에 필요한 영양분과 에너지를 충분히 얻을 수 있다고 해.

그 뒤 새콤달콤한 맛을 내는 여러 가지 드레싱_{식품에 치는 소스 혹은 양념}을 얹은 피시 앤 칩스는 북해를 건너 프랑스와 독일에까지 퍼져 나가 영국을 대표하는 음식이 되었어.

독일의 브레첼과 맥주

같은 유럽이라도 프랑스와 독일의 식생활은 무척 달라. 프랑스 인은 비싼 재료로 정성껏 요리해 몇 시간에 걸쳐 식사를 즐기지만, 독일 사람은 보통 값싸고 양 많은 음식을 후딱 먹어 치우는 편이야. 즐겨 먹는 음식도 매우 절제되어 있고 장식도 없이 소박해.

국민 소득이 높은 독일 사람들이 음식에 쓰는 돈은 프랑스나 이탈리아보다 훨씬 적은 편이야. 잘살면서도 먹는 것에는 돈을 덜 쓴다는 뜻이지.

큰 전쟁을 치르고 복구하느라 힘겨웠던 독일 사람들은 부지런하고 검소한 생활이 몸에 배서 먹는 것뿐만 아니라 모든 것이 다 실용적이고 경제적이야. 독일의 가구나 건축물 등의 디자인이 단순하면서도 견고한 것도 바로 그런 이유 중 하나일 거야.

음식도 마찬가지야. 프랑스 음식은 화려한 장식으로 눈으로 먹는 음식이라는 말도 있지만, 독일 음식에서는 장식 같은 건 찾아보기 어려워. 음식을 남기는 것도 상상할 수가 없어. 음식을 먹고 난 뒤 설거지할 필요가 없을 만큼 깨끗한 접시, 그게 바로 독일의 식탁이야.

음식을 차릴 때도 종류에 따라 각각 다른 그릇에 담지 않고, 커다란 접시 하나에 메인 요리에서부터 샐러드까지 모두 담아서 남기지 않고 먹어. 덕분에 설거지감도, 음식물 쓰레기도 훨씬 덜 나오지.

독일 사람들은 전통적으로 감자 요리, 햄, 소시지를 좋아하고, 양배추를 절인 우리의 김치와 비슷한 사워크라우트 같은 보존 식품을 많이 먹어. 이 중 감자는 거의 주식이라서 세 끼 식사 중 적어도 한 번은 감자가 꼭 식탁 위에 올라오는 편이야.

브레첼은 독일 사람들이 간식처럼 즐겨 먹는 빵인데, 빵이라고는 하지만 좀 딱딱하고 위에 굵은 소금을 뿌려 구워 짠맛이 나.

브레첼은 원래, 중세 이탈리아 수도원에서 아이들이 기도문을 잘 외우면 상품으로 주었던, 사람이 팔짱을 낀 것 같은 모양의 빵이야. 12세기에 독일에 전해졌다고 하는데 지금은 어느 나라보다 독일에서 큰 인기를 얻고 있어.

소금을 끼얹은 브레첼은 독일 사람들의 맥주 안주로도 꽤 인기가 높아. 빵 위에 얹은 소금이 좀 짜게 느껴진다면 소금을 떼어 내고 먹어도 돼.

뮌헨의 맥주 잔치, 옥토버페스트

울라는 독일 뮌헨에 살아. 초등학생인 울라는 오늘 퍽 신이 났어. 바로 옥토버페스트에 가는 날이거든. 이 잔치는 1년에 한 번 가을 뮌헨에서 열리는 맥주 잔치야. 아직 꼬맹이가 무슨 맥주 잔치냐고? 물론 아주 커다란 광장에 맥주 회사에서 차린 맥주 홀도 많지만, 광장 사이사이 어린이를 위해 세워 둔 놀이기구가 얼마나 많은데…….

오늘은 울라 엄마의 회사 동료들이 옥터버페스트에서 회식을 하기로 해서 엄마를 따라가는 거야. 엄마의 회사 친구들도 아이들을 데리고 나오기로 했거든. 엄마의 수다가 늦어지면 아마 나중에 아빠가 울라를 데리러 올 거야. 울라 엄마가 술을 꽤 많이 마시냐고? 아니, 독일 사람들은 맥주를 음료수처럼 마시기에 과음하는 일은 좀처럼 없어. 하지만, 잔치니 만큼 다른 때보다는 조금 더 마시긴 하겠지. 울라는 독일 전통 의상을 차려입고 엄마를 따라나섰어. 잔치 땐 많은 사람이 옷장에서 독일 전통 의상을 꺼내 입어. 남자들은 가죽으로 만든 멜빵 반바지를 입고 여자들은 앞치마가 달린 원피스를 입지. 그래서 한국에서 온 어떤 친구는 울라의 독일 전통 의상을 보고 '앞치마 드레스'라는 별명을 지어 주기도 했어.

맥주 잔치엔 세계 곳곳에서 온 사람들이 정말 많아. 사람들이 지나는 거리마다 청어 피클을 넣은 버거와 브레첼이 즐비해. 독일 사람들이 안주로 곁들여 먹는 것들이거든.

유럽 사람들이 맥주와 포도주를 음료수처럼 즐기게 된 건 유럽의 수질이 좋지 않기 때문이었어. 유럽 대륙의 땅이 대부분 석회질이라서 물에 석회 성분이 많이 들어 있거든. 맑은 물을 제대로 마실 수 없던 사람들이 대체 음료인 포도주나 맥주를 개발했던 거야.

물이 귀한 중동 사막 지대의 아랍 인들이 낙타의 젖을, 몽골 족들이 말의 젖을 발효시켜 음료로 마시는 것도 다 비슷한 이유지.

그중 울라가 사는 독일 바이에른 주의 뮌헨은 세계에서 유명한 맥주 회사가 많이 있어. 바이에른 국왕 빌헬름 1세의 결혼에 맞추어 시작된 잔치를 뮌헨의 맥주 업체가 후원하면서 세계적인 축제 옥토버페스트가 되었지.

옥토버페스트는 매년 9월 마지막 주에서 10월 첫째 주까지 16일간 열려. 절대 싸지 않은 맥주 값인데도, 뮌헨 사람은 물론 세계 곳곳에서 사람들이 놀러 와. 덕분에 뮌헨에서 1년 동안 마시는 맥주 중 절반이 바로 이때 소비된다고 해.

감자를 먹지 않던 유럽 사람들

감자는 남아메리카 사람들에게 주식이야. 남아메리카 사람들은 자연 건조 감자를 만들어 먹는데 아무 첨가물도 들어가지 않아서 건강에 아주 만점이야. 1,000미터가 넘는 고산 지대에서는 재배한 감자를 일부러 밖에 내다 얼려.

일교차가 심하다 보니 감자가 얼었다가 다음 날 녹는 게 다반사야. 그러면 그 감자를 발로 꼭꼭 밟아 물을 빼. 이렇게 여러 번 반복하다 보면 감자에 있던 수분이 쏙 빠져나가서 천연 말린 감자 '추뉴'가 돼. 고지대에 사는 남아메리카 원주민에게는 아주 요긴한 주식이지.

지금이야 독일 사람들이 주식처럼 이 감자를 즐겨 먹지만 처음엔 유럽 사람들에게 그리 환대를 받지 못했어.

유럽 사람들이 감자를 처음 만난 건 1537년 에스파냐 원정대가 남아메리카를 침략할 무렵이었어. 처음 감자를 본 에스파냐 사람들은 '작고 울퉁불퉁하고 못생긴 식물'이라면서 거들떠보지도 않았지.

가톨릭 국가의 사람들이 감자를 특히나 더 싫어했어. 이유는 성서에 나와 있지 않은 식물이라는 것이었지. 거의 200년 동안이나 유럽 사람들은 감자를 먹지 않았어. 가난과 기근으로 배를 곯아도 감자는 그저 땅속에서 썩어갈 뿐이었지.

그러다 심각한 기근과 가난에 허덕이면서 굶주린 농민들이 뭐 먹을 게 있나 해서 풀뿌리를 캐다가 감자를 생각해 냈어. 먹어 보니 웬걸, 배도 든든하고 꽤 먹을 만했어.

그렇게 알음알음 감자를 먹다가 본격적으로 식탁에 오른 건 19세기에 접어들었을 때였어. 19세기에 들어서자 독일 역시 급격히 인구가 늘면서 식량이 부족했어. 프러시아 독일 동북부, 발트 해 기슭에 있던 지방, 프로이센의 영어 이름 지방에 계속 흉년이 들자 독일은 마침내 국민에게 감자를 보급했어. 사실 감자는 재배 기간이 짧으면서도 영양가가 아주 높은 음식이야. 덕분에 값싼 감자는 가난하고 배고픈 사람들에게 큰 인기를 얻을 수가 있었어.

아일랜드에서는 한때 이 감자 때문에 많은 사람이 미국으로 이민을 가는 일이 벌어지기도 했어. 1845년, 아일랜드에 감자가 썩어가는 병이 돈 거야. 가난한 아일랜드 사람 대부분은 감자를 먹고 살았어. 물론 밀도 재배했지만 당시 영국은 아일랜드 사람들이 재배하는 밀을 몽땅 영국으로 가져갔어. 그러면서도 굶어 죽어가는 아일랜드 사람들을 못 본 체했어.

그 때문에 아일랜드는 엄청난 기근에 시달렸어. 이 기근이 지나간 1851년, 아일랜드의 인구는 800만 명에서 600만 명으로 줄었는데 그중 100만 명은 배고픔과 질병으로 죽은 것이었고, 나머지 100만 명은 미국 등의 다른 나라로 이민을 떠난 것이었어.

현재 미국에는 4천만 명 정도의 아일랜드계 사람들이 살고 있는데 이들이 바로 이때 미국으로 이민을 떠난 아일랜드계 자손이야.

이런 가난과 배고픔을 상징하던 감자가 오늘날에는 인스턴트와 비만을 상징하는 음식이 되었다는 건 참 아이러니한 것 같아.

뉴욕 근처에서 레스토랑을 운영했던 괴짜 영감이 있었어. 어찌나 성질머리가 사나운지 손님이 음식에 불평을 늘어놓으면 그다음에는 도저히 먹을 수 없는 이상한 음식을 만들어 다시 내놓았대. 요즈음 같으면 상상도 할 수 없는 정말 배부른(?) 레스토랑 주인이었던 모양이야.

어느 날 이 식당을 찾은 손님이 감자튀김을 주문했는데 감자가 너무 두껍고 제대로 익지 않았다면서 다시 만들어 달라고 했어. 이 괴짜 영감이 가만히 있었겠어? 화가 난 괴짜 영감은 감자를 아주 얇게 썰어 그걸 얼음물에

담갔다가 뜨거운 기름에 튀겼어. 그러고는 어디 맛 좀 봐라, 하는 심정으로 소금을 잔뜩 뿌려서 손님에게 가져다주었는데 아니, 이게 웬일이야? 손님이 다 먹더니 한 접시 더 달라고 하는 게 아니겠어!

원래 세기의 발명품들은 이렇게 우연히 발명되는 것들이 많은 법. 그 뒤 이 감자 칩은 미국의 명물 스낵이 되었지. 하지만, 이 괴짜 노인은 세기적인 발명품을 내놓고도 특허를 받지 않아 큰돈을 벌지는 못했다고 해. 이내 다른 사람들이 그 노인을 따라서 똑같은 음식을 만들어 팔았으니까.

가장 대중적인 세계인의 음식, 파스타

이탈리아 로마에 사는 열한 살 로베르토는 해가 지면 광장(피아자)으로 나가 바이올린을 연주해. 이탈리아의 도시들은 광장을 중심으로 뻗어 있어서, 광장은 사람들이 즐겨 모이는 곳이야. 광장에는 분수도 있지만 광장 주위로 노천카페가 많아서 식사하는 손님에게 다가가 한 곡 멋지게 연주하면 팁을 두둑이 받기도 하거든. 어쩔 땐 바이올린을 내려놓고 소렌토 같은 곡을 직접 부르기도 해. 광장은 지나가는 사람들의 시선을 한 몸에 받을 수도 있고, 노래가 잘 울려 퍼져서 왠지 더 노래를 잘하는 것처럼 느껴지거든.

고대 그리스 로마 제국의 명성과 영광이 그대로 남아 있는 이탈리아는 도시 하나하나가 고풍스럽고 아름다워. 지난 시절 세상을 휘어잡던 고대 로마 사람들의 흔적을 도시 전체에서 쉽게 찾아볼 수가 있어. 덕분에 나라 전체가 관광지야.

이탈리아 박물관이나 유적지는 어디를 가나 만원이고. 그래서인지 그곳 식당은 음식 값 이외에 자릿세를 별도로 받아. 어디를 가나 관광객들로 넘쳐

나니 어떤 사람은 귀찮은지 관광객에게 그리 친절하지도 않아. 마치 '당신 아니어도 구경 올 사람은 셀 수도 없을 만큼 많거든!' 이라고 말하는 것 같아.

요즈음 이탈리아 광장의 노천카페 어디서나 쉽게 맛볼 수 있는 음식 중에 단연 으뜸은 피자와 파스타야.

피자와 파스타는 이제 이탈리아가 아닌 전 세계의 음식이 되었지. 피자와 파스타의 고향답게 정말 많은 종류의 피자와 파스타가 있어서 메뉴를 고르려면 시간이 좀 걸릴 거야.

피자나 파스타와 같은 음식은 기본 재료 위에 현지의 재료를 곁들여 활용하기 쉬워. 아이들도 비교적 쉽게 요리할 수 있는 데다 배도 두둑하니 한 끼 식사로 그만이지.

이탈리아는 유럽 국가이긴 하지만 바다로 둘러싸인 반도 국가라는 특징 때문인지 다혈질이라든지 축구를 좋아하는 점 등 우리나라 사람과의 공통점이 더러 있어.

음식은 해산물을 풍부하게 사용한다는 공통점이 있지. 하지만, 이탈리아 음식은 단순하면서도 재료의 맛을 살리는 간결한 것들이 많고, 신선한 음식 재료를 바로바로 조리해 먹는 편이야. 조리 과정도 복잡하지 않은 데다 차려 놓으면 퍽 근사해서 요사이 전 세계 주부들의 시선을 사로잡고 있지.

우리가 흔히 말하는 스파게티는 수많은 파스타의 한 종류로 국수처럼 길쭉한 모양이야.

정말 여러 가지 각양각색의 파스타가 있어. 파스타만 종류별로 투명한 유리병에 넣어 진열해도 웬만한 가게의 벽 한 면을 다 차지하더라고.

파스타의 종류

::롱 파스타

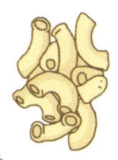
::쇼트 파스타

롱 파스타
스파게티(Spaghetti), 레지네테(Reginette), 부카디니(Bucatini), 라자냐(Lasagna).
쇼트 파스타
나사 모양의 푸실래(Fusilli), 바퀴 모양의 로텔레(Rotelle),
펜촉 모양의 펜네(Penne), 뇨끼(Gnocchi), 파르팔라(Farfalle)
이 밖에도 수프에 넣는 아넬리니(Annellini), 스텔리니(Stellini), 파르팔리네(Farfaline) 등이 있다.

파스타의 종류도 150여 가지나 되고 파스타 디자이너도 있다고 하니 정말 대단하지 않니.

파스타는 13세기 무렵 마르코 폴로가 중국의 국수를 베네치아로 가져가 이탈리아에 전했다고 흔히들 알고 있지만, 별로 정확한 이야기는 아닌 것

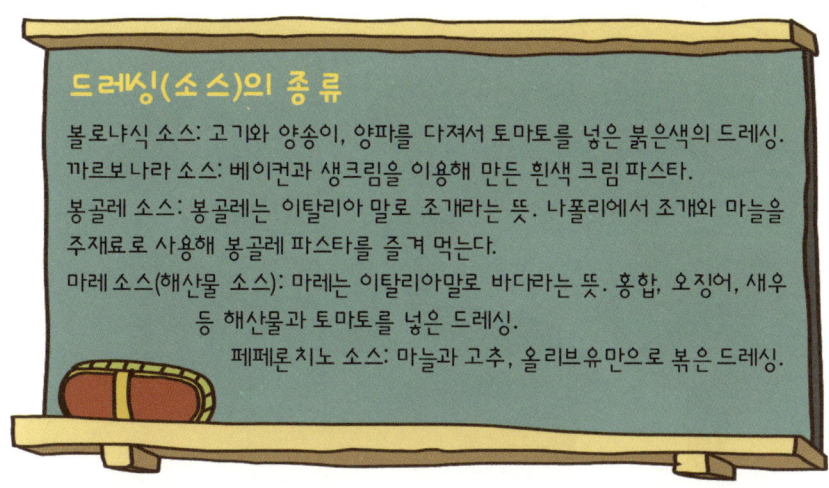

드레싱(소스)의 종류

볼로냐식 소스: 고기와 양송이, 양파를 다져서 토마토를 넣은 붉은색의 드레싱.
까르보나라 소스: 베이컨과 생크림을 이용해 만든 흰색 크림 파스타.
봉골레 소스: 봉골레는 이탈리아 말로 조개라는 뜻. 나폴리에서 조개와 마늘을 주재료로 사용해 봉골레 파스타를 즐겨 먹는다.
마레 소스(해산물 소스): 마레는 이탈리아말로 바다라는 뜻. 홍합, 오징어, 새우 등 해산물과 토마토를 넣은 드레싱.
페페로치노 소스: 마늘과 고추, 올리브유만으로 볶은 드레싱.

같아. 그 이전에도 유목민이 전해 준 파스타를 시칠리아 사람들이 먹고 있었으니까.

옛날 파스타는 밀가루를 일일이 손으로 반죽해서 뽑아내는 생면 형태였어. 대량 생산과 보관이 쉬운 마른 파스타는 나폴리에서 생겼어. 덕분에 저장과 보관이 쉬워서 지금처럼 전 세계 사람들이 즐기는 음식이 될 수 있었지.

젓가락 대신 포크로 파스타를 먹기 어렵다고? 그렇다면 이렇게 해 봐. 왼손에는 숟가락을, 오른손에는 포크를 들고 한입 분량을 떠서 숟가락 안쪽에 포크의 끝을 대고 돌돌 말아 봐.

참, 포크를 돌릴 땐 시계 방향으로 돌려서 먹어야 행운이 찾아온다는 속설이 있으니까, 굳이 시계 반대 방향으로 돌리지는 마. 그리고 파스타 면을 이로 끊어 먹는 것은 보기 좋지 않대.

악마의 열매, 토마토

피자 하면 함께 떠오르는 토마토 페이스트. 하지만, 토마토가 처음부터 파스타와 찰떡궁합이었던 건 아니야. 토마토의 원산지는 남아메리카였고 유럽에 전해져 널리 사용된 건 16세기 무렵이야. 콜럼버스가 아메리카를 정복하고 나서 에스파냐 사람들이 토마토를 고국으로 가져간 다음부터 토마토도 유럽에 전해졌어.

　토마토를 처음 본 사람들은 토마토에 독이 들어 있다고 생각했어. 붉은 빛깔과 그 생긴 모양 때문에 악마의 열매라고 무시했지. 사실, 토마토는 독성이 꽤 있는 식물이야. 덜 익은 걸 함부로 먹으면 배앓이를 하기도 하고, 어설프게 끓인 소스를 먹으면 혀끝이 아려.

　토마토의 어원이 뭔지 아니? 토마틀tomatl이라는 아즈텍 말인데 이것이 무슨 뜻이냐면 '늑대의 복숭아' 혹은 '늑대의 과일'이라는 뜻이야. 그러니까 어쩌면 토마토는 사람보다 야생에서 늑대가 먹었던 열매였을지도 몰라.

　그런데 말이야. 토마토는 과일일까? 채소일까? 우리만 궁금한 게 아니었던 모양이야. 미국에서는 '토마토가 과일이냐? 채소냐?'를 놓고 재판까지 벌였으니까.

　1887년 미국은 주마다 미국으로 수입해 들여오는 농작물에 과일하고 채소하고 관세율 수입이나 수출을 하는 상품에 붙이는 세금 이 달랐어. 과일은 수입 관세가 없었지만 채소는 높은 세금을 물렸어. 그런데 어떤 주에서는 토마토를 채소로 분류해서 세금을 물렸고, 어떤 주에서는 정반대로 했지. 토마토를 놓고 이랬다저랬다 한 거야. 그러자 한 수입업자가 소송을 제기했어. 이 문제는 연방대법원까지 올라갔고 결국 대법원은 '토마토는 채소다' 하고 최종 판결을 내렸어.

　이유가 뭔지 아니? 토마토가 과일치고는 썩 달지 않아서 과일처럼 밥 먹은 뒤에 먹는 후식으로 식탁에 오르는 것이 아니라, 식사의 주요리 재료로 사용되므로 '채소'라는 판결을 내렸다는 거야. 어때, 그럴듯하지?

두꺼운 건 이탈리아 피자가 아니야!

피자의 유래는 터키 음식 '피데'라고 하는데, 요즈음 우리에게 널리 먹는 피자는 이탈리아의 나폴리에서 시작되어 미국으로 전해진 미국식 피자야. 가난한 사람들이 밀가루 반죽 위에 토마토를 얹어 먹으면서 오늘날과 같은 피자가 탄생했어. 처음 토마토는 사람들로부터 외면을 받았기에 가난한 사람들의 차지였겠지. 그 무렵 나폴리에 서민들을 대상으로 피자를 파는 집도 등장했는데 이 피자에 토마토를 사용했어. 그렇게 나폴리는 피자의 고향으로 서서히 명성을 얻어 갔지.

1889년, 이탈리아 왕 움베르토 1세의 부인 마르게리타가 나폴리를 방문했어. 피자의 고향에 왔으니 피자를 한번 맛보아야겠지. 왕비는 유명한 피자 요리사를 불러 피자를 만들어 달라고 했어. 충성심이 대단했던 이 요리사는 그저 평범한 피자를 만들고 싶지 않았어.

정확히 어떤 모양인지는 알려지지 않았지만 이탈리아 국기에 들어가는 초록색과 흰색 그리고 빨간색의 삼색 피자를 만들어 바쳤다고 해. 왕비 마르게리타에게 바쳤던 이 피자는 그 뒤 이탈리아의 3대 피자 중 하나가 되었고, 요사이도 이탈리아 피자 메뉴의 기본이야.

마르게리타 피자를 만들 때는 반드시 지켜야 할 몇 가지 규칙이 있어. 우선 치즈는 특정 지역에서 나는 모차렐라 치즈만 사용해야 하고, 크러스트 반죽은 기계를 쓰지 않고 손으로 해야 해.

반죽 두께는 2센티미터가 넘으면 안 돼. 또 피자의 가운뎃부분은 두께가 0.3센티미터 이하여야 하고, 토핑은 토마토소스 빨간색와 모차렐라 치즈 흰색, 바질 초록색만 사용해야 한다네. 구울 때는 반드시 장작 화덕에 구워야 하고 전기 화덕은 절대 금물.

퍽 까다롭지? 이렇게 정통 이탈리아식으로 구운 피자는 열량도 그다지 높지 않고 씹는 맛이 더 고소한 편이야.

그런데 실제 피자를 전 세계 음식으로 만든 건 미국 패스트푸드의 힘이라고 할 수 있어.

1960년 톰 모너건 형제가 딱정벌레 모양의 자동차 '폴크스바겐'으로 피자를 배달해 주는 '도미닉스'라는 피자 가게를 열면서부터야. 미국에 이민 온 이탈리아 인이 팔던 피자를 먹어 본 사람들과 전쟁 때 이탈리아에서 근무하다가 미국으로 돌아온 군인들의 입맛을 사로잡으면서 이 배달 피자는 날개 돋친 듯 팔려 나갔어.

하지만, 이 피자는 정통 이탈리아 피자하고는 퍽 달라. 도우 반죽, 크러스트를 두껍게 만들고 그 위에 각종 고기와 치즈를 듬뿍 곁들여. 바쁜 현대인들에게 배달까지 해 주고 배도 두둑이 채울 수 있었으니 인기 만점일 수밖에.

이렇게 해서 미국식 피자는 전 세계로 퍼져 나갔고, 우리나라도 이탈리아식보다는 미국식 피자를 먼저 맛보게 되었지. 요즈음 대형 프랜차이즈 업체에서 판매하는 피자는 거의 다 미국식 피자야.

부침개, 빈대떡은 한국식 피자라고 해야 할까? 이탈리아 사람들은 화덕, 오븐이 일상적이기에 오븐에 구워 먹지만 한국 사람이나 일본 사람들은 철판에 기름을 두른 다음 바닥의 열로 음식을 주로 익히지.

일본에는 오코노미야키가 있어. '오코노미야키'는 '철판에 좋아하는 것을 구워 먹는다'라는 뜻의 일본식 빈대떡이야. 양배추, 돼지고기 등을 밀가루 반죽에 넣고 부친 음식인데, 우리의 해물파전과 비슷한 것 같아.

하루에 다섯 끼를 먹는 에스파냐 사람들과 파에야

강렬한 햇빛의 나라 에스파냐는 아프리카 대륙과 바다 하나를 사이에 두고 있어. 한여름 온도가 30~40도까지 올라가고, 겨울철 평균 온도는 3도에서 18도 정도인 지중해성 기후로 코르크, 오렌지, 올리브와 포도가 아주 잘 자라. 그중 올리브는 주요 농작물이어서 유럽 생산량의 3분의 1이 에스파냐의 안달루시아 지방에서 나고 있어.

뜨거운 날씨 탓에 에스파냐 사람들은 자극적인 맛을 좋아해서 음식에 마늘, 후추, 사프란과 같은 향신료를 많이 사용해.

한낮의 태양 열기를 피해 에스파냐 사람들은 옛날에 '시에스타 낮잠을 뜻하는 스페인 어'라고 하는 한낮의 낮잠을 즐겼어. 그때는 온 도시가 잠을 자는 것 같았대.

요즘처럼 시간을 다투는 도시의 삶에서 한낮에 모두가 낮잠을 잘 순 없지만 지금도 시골에 가면 느긋하게 온 마을이 낮잠 자는 풍경을 구경할

수가 있지.

　아프리카 사람들이 하루 한 번 또는 두 번 식사하는 것과는 달리, 에스파냐 사람들은 하루에 다섯 번 식사를 해. 첫 식사는 아침 8시경에 빵하고 커피, 우유, 주스로 가볍게 먹고, 두 번째는 오전 11시 즈음 티타임을 하면서 식사하지.

　2시 즈음에 정말 점심다운 점심을 먹는데 전채, 주요리, 디저트에 이르는 코스로 보통 2, 3시간에 걸쳐 식사해. 그래서 옛날에는 집에서 점심을 먹고 낮잠을 자고 직장으로 가곤 했어.

　그리고 나서 6시에 간식을 먹고 일을 하고, 퇴근해서 9시에서 11시 사이에 하루의 마지막 식사를 하지. 성당의 종소리를 기준으로 일상생활을 했던 도시의 일반적인 식생활 습관이었어. 이런 생활 습관 때문에 어쩔 수 없이 식생활 습관도 거기에 맞추어서 달라질 수밖에 없었지.

에스파냐와 같은 지중해성 기후에서는 밀과 육류를 이용한 음식이 많아. 사실 밀은 그 자체만으로 주식으로 사용하기에는 쌀보다는 영양이 부족해. 그래서 빵을 먹을 땐 늘 고기를 함께 섭취해서 밀가루에서 부족한 영양을 보충해 주는 거야.

그래도 에스파냐 사람들은 다른 유럽 나라보다 쌀 소비가 많은 편이야. 우리처럼 빵보다는 밥을 즐겨 먹어.

지도를 보면 에스파냐는 유럽 대륙 남쪽에 있어. 피렌체 산맥으로 가로막혀서 옛날에는 지금처럼 쉽게 오고 갈 수도 없었지. 그래서 유럽보다는 오히려 바다 건너편, 로마 인이나 아랍 인들의 지배를 받으면서 그쪽 문화와 더 가까웠지.

바로 아랍 인들이 이들에게 쌀과 사프란을 전해 주었다고 해. 이때부터 에스파냐에서는 쌀을 수확해 밥을 짓고, 밥에 향신료 사프란도 이용했지.

에스파냐식 철판 볶음밥 파에야(Palella, 영어식 표현은 파엘라)는 원래 손잡이가 달린 커다란 프라이팬을 가리키는 말이야. 여기에 우리나라의 김치볶음밥처럼 주로 그 지역에서 구하기 쉬운 재료를 올리브기름에 넣고 달달 볶아 먹어.

해물 파에야는 우리의 새우볶음밥과 비슷한 느낌이지만 토마토가 많이 들어가서 입 안 가득 퍼지는 시큼한 맛이 우리 입맛에는 좀 익숙하지 않을 수도 있어. 이 시큼한 맛을 싫어하는 사람은 전체적으로 토마토를 많이 사용하는 에스파냐 음식을 별로 좋아하지 않을지도 몰라.

하지만, 따가운 햇살에 축축 늘어져 기운이 없을 땐 이 새콤한 음식이 에스파냐 사람들에겐 피로 해소제지.

이 밖에도 에스파냐 사람들은 에스파냐식 햄 하몽하몽, 밀가루에 베이킹파우더를 넣어 반죽한 것을 막대 모양으로 튀겨 낸 뒤 초콜릿을 입힌 추로스churros, 올리브유를 바른 빵을 즐겨 먹어. 특히 추로스는 아침식사로 애용해.

산간 지방의 춥고 건조한 날씨 속에서 만드는 하몽하몽은 돼지고기 중에서 뒷다리의 넓적다리를 통째로 소금에 절여 오랫동안 건조하거나 훈제한 대표적인 슬로푸드로 샌드위치에 넣어 먹기도 하고 그냥 육포처럼 먹기도 해.

녹인 치즈에 살짝 찍어 먹는 스위스의 퐁듀

스위스는 남쪽으로 알프스 산맥이, 북쪽으로 독일과 닿아 있어 주변의 프랑스, 독일, 이탈리아의 영향을 받아 다양한 음식 문화를 발전시켰어. 그중 퐁듀 요리는 프랑스 치즈에서, 소시지와 볶음감자 요리는 독일의 영향을 받았지.

우리나라 사람들에게 가장 널리 알려진 스위스 음식 퐁듀는 스위스 어디서나 즐기는 음식이지만, 사실 그 어원은 프랑스 말 'Fondeue'에서 유래되었어. 이 말은 '녹이어 섞다' 라는 뜻이야.

　유난히 높은 산간 지역이 많은 스위스, 게다가 겨울도 길잖아. 마을로 내려가는 길이 눈으로 막히면 식료품을 구하러 나갈 방법이 없었어.

　어느 날, 스위스의 양치기들이 높이 쌓인 눈 때문에 산속에 갇히고 말았어. 추운 날씨 탓에 눈은 쉽사리 녹을 것 같지 않았지. 눈이 녹아 산에서 내려갈 날을 기다리다가는 아마 굶어 죽을지도 몰라. 양치기들은 보통 빵과 치즈를 여분의 식량으로 넣어 다녀. 날이 추우니 품속에 있던 빵은 딱딱하게 굳었지, 치즈도 돌덩이처럼 굳어 버린 거야. 어금니를 덜덜 떨며 굳은 빵과 치즈를 먹었지만 영 아무 맛도 느낄 수가 없었어.

　마침 불을 피우고 있었기에 양치기 하나가 딱딱하게 굳은 치즈를 꼬챙이에 끼워 불 속에 넣어 보았어. 어느 정도 말랑말랑하게 녹으니 아래로 녹아내리려고 하네. 얼른 굳은 빵을 그 아래에 대 보았지. 빵에 치즈를 발라 먹으려고 했던 건 아니었지만, 지금 이 마당에 뭘 따지겠어. 그저 배를 채워야겠다는 마음에 아무 생각 없이 입속으로 가져갔지.

　아니, 그런데 이게 웬일이야! 생각보다 참 맛있잖아. 양치기는 지니고 있던 치즈를 자그마한 냄비에 넣은 다음 모닥불 위에 올려 두었어. 그러고는 치즈가 녹아 수프처럼 되자 거기에 꼬챙이를 끼운 빵을 본격적으로 찍어 먹었지.

　사실인지 정확히 알 수는 없지만, 어쨌거나 눈에 갇힌 양치기 덕분에 전 세계 사람들은 퐁듀를 즐길 수 있게 되었어.

건강에도 좋고 맛도 좋은 슬로푸드

치즈, 김치, 포도주, 요거트의 공통점이 뭘까? 그건 바로 세계에서 가장 널리 알려진 발효 식품들이라는 거야. 발효가 뭘까? 사실, 발효와 부패 사이에는 그다지 큰 차이가 없어.

미생물에 있는 효소가 유기물을 분해하는 과정을 발효라고 해. 발효 반응과 부패 반응은 비슷하게 진행되지만 분해 결과, 우리 생활에 유용하게 사용되는 물질이 만들어지면 발효라고 하고, 나쁜 냄새를 내면서 우리 몸에

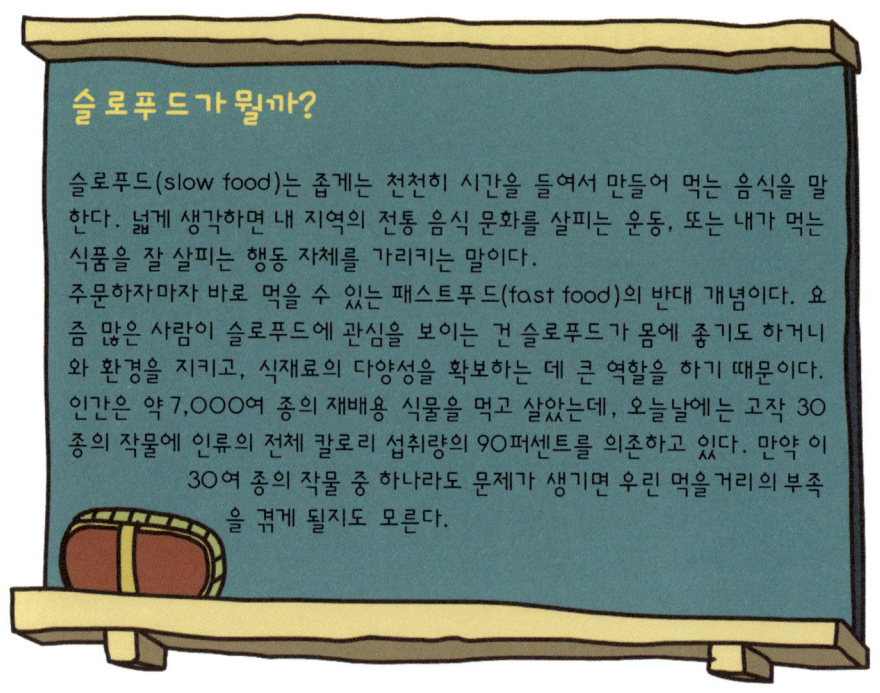

슬로푸드가 뭘까?

슬로푸드(slow food)는 좁게는 천천히 시간을 들여서 만들어 먹는 음식을 말한다. 넓게 생각하면 내 지역의 전통 음식 문화를 살피는 운동, 또는 내가 먹는 식품을 잘 살피는 행동 자체를 가리키는 말이다.

주문하자마자 바로 먹을 수 있는 패스트푸드(fast food)의 반대 개념이다. 요즘 많은 사람이 슬로푸드에 관심을 보이는 건 슬로푸드가 몸에 좋기도 하거니와 환경을 지키고, 식재료의 다양성을 확보하는 데 큰 역할을 하기 때문이다. 인간은 약 7,000여 종의 재배용 식물을 먹고 살았는데, 오늘날에는 고작 30종의 작물에 인류의 전체 칼로리 섭취량의 90퍼센트를 의존하고 있다. 만약 이 30여 종의 작물 중 하나라도 문제가 생기면 우린 먹을거리의 부족을 겪게 될지도 모른다.

해로운 물질이 만들어지면 부패라고 하지.

치즈, 김치, 포도주, 발사믹 식초, 요거트, 청국장 모두 발효 식품이야. 아무리 먹고 싶어도 시간이 지나야 익은 김치를 먹을 수가 있는 것처럼 이런 발효 식품은 시간이라는 양념이 없으면 절대로 맛볼 수가 없어. 그래서 사람들은 발효 식품을 대표적인 슬로푸드라고 부르기도 해.

바쁜 생활 속에서 급하게 한 끼 때우는 사람들은 이렇게 더디 완성되는 음식에 투정을 부릴지도 몰라. 하지만, 슬로푸드에는 패스트푸드와는 비교할 수 없을 만큼 우리 몸에 좋은 영양소가 많은 것은 물론, 항암 효과도 있어. 전 세계에 사스라든가 조류 인플루엔자 등이 퍼졌을 때도, 이 발효 음식이 각종 질병의 전염을 막아 주는 효과가 있다는 보도가 있었어.

한국 음식에는 유난히 발효 식품이 많아. 김치 말고도 된장, 고추장과 같은 장류, 오징어젓, 명란젓 같은 젓갈류, 각종 장아찌 등은 우리 식탁의 단골 발효 식품이야.

유럽 사람들이 즐기는 치즈도 바로 발효 음식이야. 치즈의 시작은 아시아의 유목민이었지만, 지금은 네덜란드, 프랑스 등 유럽에서 명성을 이어가고 있어.

치즈의 유래를 따지는 건 물론 쉽지 않아. 인류가 양을 사육하기 시작한 약 12,000년 전부터 치즈를 먹었다고 하거든. 유목민들이 가축을 길렀으니까 대체로 중앙아시아^{지금의 터키}의 유목민들이 처음으로 치즈를 만들었을 거라고 추측하고 있어.

치즈는 굳은 우유를 발효시켜 만든 것이니 더운 사막에서 굳은 우유를 그대로 두었다가 우연히 치즈를 발견했을 거라고들 하지. 우유가 치즈로 변하면 부피가 보통 10분의 1로 줄어드는데, 이렇게 되면 유목민들이 가지고 다니기에 훨씬 편할 뿐만 아니라 보존기간도 훨씬 더 길어져.

성서에도 치즈에 대한 언급이 있고, 또 치즈에 다음과 같은 전설도 있는 걸 보면 꽤 역사가 깊은 음식인 건 확실해.

약 4,000년 전, 카나나라는 이름의 고대 아라비아 행상이 먼 길을 떠나면서 양의 밥통^위으로 만든 주머니에 염소젖을 넣어 사막을 지나갔어. 하루 여행을 마치고 밤에 주머니를 열어 보니 염소젖이 흰 덩어리와 물 같은 액

체로 분리된 거야. 양이나 송아지 위 점막에 남아 있던 천연 우유 응고 효소 레닌Rennin이 염소젖을 굳게 한 거지.

치즈 만드는 법은 그다지 어렵지 않으니까 너희도 집에서 쉽게 만들 수 있을 거야. 우유를 그냥 내버려 두면 자연스럽게 몽글몽글 뭉칠 거야. 이 과정을 좀 빨리하고 싶으면 레몬즙을 살짝 넣어도 돼. 그 뒤에 체에 거즈를 깔고 몽글몽글한 건더기를 건져 내. 이 두부 같은 치즈가 코티지치즈야.

코티지치즈 말고도 치즈의 종류는 엄청나게 많아. 발효한 것과 하지 않은 것으로 종류를 나누기도, 발효시킨 것 중에도 어떤 미생물이 발생했는지 그 미생물의 종류에 따라 나누기도 하고, 단단한 정도에 따라 나누기도 하지. 어쨌거나 치즈의 종류는 무려 500가지나 돼.

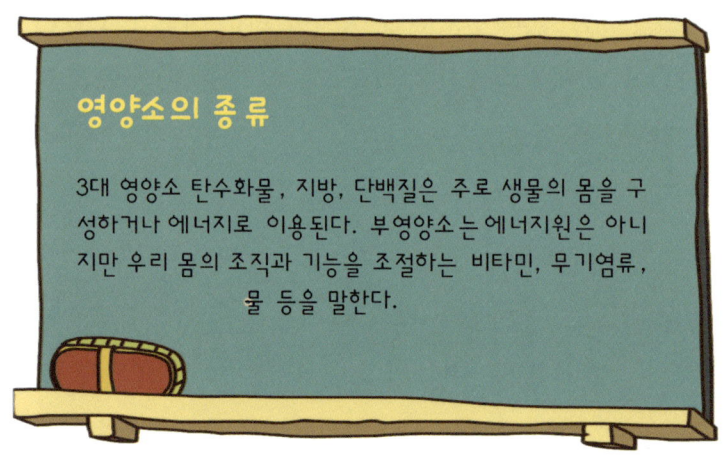

영양소의 종류

3대 영양소 탄수화물, 지방, 단백질은 주로 생물의 몸을 구성하거나 에너지로 이용된다. 부영양소는 에너지원은 아니지만 우리 몸의 조직과 기능을 조절하는 비타민, 무기염류, 물 등을 말한다.

유럽 사람들의 식사 예절

유럽은 즐기는 음식이 비슷해서 식사 예절이 크게 다르지 않고 대체로 비슷한 경향이 있어. 식사 도중 탁자 위에 팔꿈치를 올려놓지 않는다는 것, 고기를 나이프로 미리 잘게 썰어 놓으면 고기가 식으니 먹을 때마다 조금씩 잘라 먹는다는 것 등은 일반적으로 널리 알려진 예절이야.

이들에게 식사 시간이란, 음식을 먹는 시간이기도 하지만 함께 이야기를 나누는 시간이기도 해서 식사 시간이 좀 긴 편이야. 그러니 나 혼자 밥을 다 먹었다고 해서 식탁에서 후다닥 일어나면 상대방은 자신을 싫어한다고 생각할지도 몰라.

또 포크와 나이프를 한 손에 쥐는 건 별로 좋아 보이지 않아.

손으로 먹어도 아무런 흉이 되지 않는 음식도 있어. 대부분 너희가 즐기는 음식들이야. 그래서 아이들이 좋아하는 음식이 되었는지도 몰라. 바로 피자, 치킨, 프렌치 프라이드, 핫도그 등이거든.

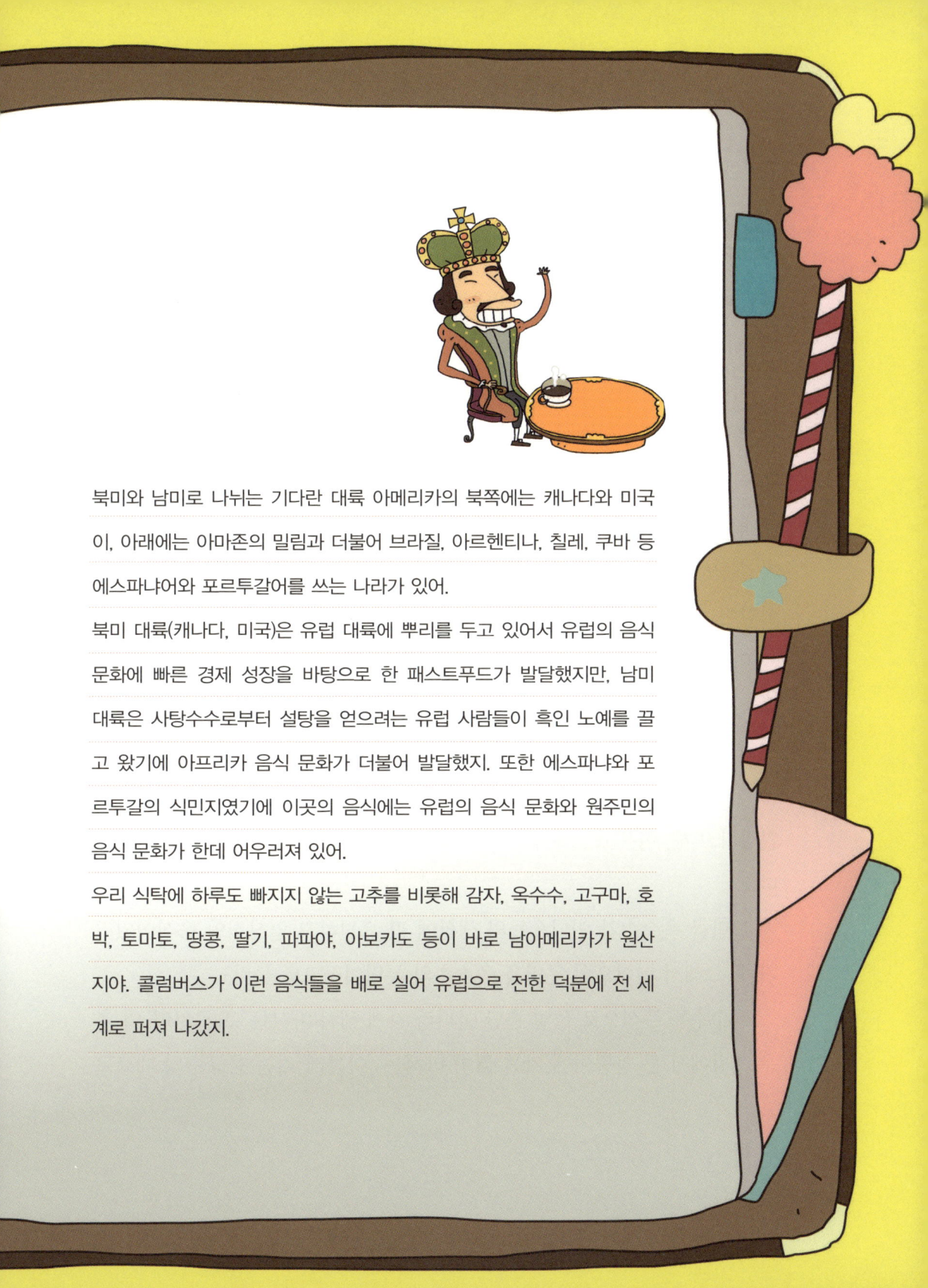

북미와 남미로 나뉘는 기다란 대륙 아메리카의 북쪽에는 캐나다와 미국이, 아래에는 아마존의 밀림과 더불어 브라질, 아르헨티나, 칠레, 쿠바 등 에스파냐어와 포르투갈어를 쓰는 나라가 있어.

북미 대륙(캐나다, 미국)은 유럽 대륙에 뿌리를 두고 있어서 유럽의 음식 문화에 빠른 경제 성장을 바탕으로 한 패스트푸드가 발달했지만, 남미 대륙은 사탕수수로부터 설탕을 얻으려는 유럽 사람들이 흑인 노예를 끌고 왔기에 아프리카 음식 문화가 더불어 발달했지. 또한 에스파냐와 포르투갈의 식민지였기에 이곳의 음식에는 유럽의 음식 문화와 원주민의 음식 문화가 한데 어우러져 있어.

우리 식탁에 하루도 빠지지 않는 고추를 비롯해 감자, 옥수수, 고구마, 호박, 토마토, 땅콩, 딸기, 파파야, 아보카도 등이 바로 남아메리카가 원산지야. 콜럼버스가 이런 음식들을 배로 실어 유럽으로 전한 덕분에 전 세계로 퍼져 나갔지.

인디오와 옥수수 문명

콜럼버스가 아메리카 대륙을 발견하기 이전에도 그곳에는 원주민들이 살았어. 아메리카 원주민들을 인디오라고 해.

아메리카 대륙은 풍부한 과일과 사냥으로 잡은 고기만으로도 먹고살기에 충분한 곳이었기에 인디오들은 그저 길가의 과일을 따서 먹기만 해도 한 끼 식사를 훌륭히 해결할 수가 있었어. 따로 요리할 필요도 없이 그저 자연 그대로의 바나나, 오렌지, 파인애플 등의 열매를 먹었던 거야. 인디오들은 자신들만의 마야 문명, 아즈텍 문명을 세우면서 나름 화려한 문화를 이루며 살았어.

아메리카 대륙에서 잘 자라는 옥수수를 주식으로 삼아 빵은 물론 죽, 차도 만들어 먹었지. 자신들을 옥수수와 떼려야 뗄 수 없는 이들이라 생각해서인지 자신들이 옥수수로 만들어졌다는 신화가 있을 정도야.

신이 처음 진흙, 나무 등으로 인간을 만들었는데 그다지 썩 마음에 들지 않았다고 해. 이윽고 옥수수 반죽으로 살을 붙여 만들었는데 그제야 흡족했다고.

그만큼 옥수수가 인디오들의 생활에 퍽 요긴하고 일상적인 음식이었던 거야. 그래서 인디오의 문명을 옥수수의 문명이라고도 불러.

옥수수는 주식으로 쓰일 뿐만 아니라 차게 해서 마시는 '오르차따'와 추운 지방에서 큰 양동이에 가득 끓여 마시는 '아똘레'라는 음료수의 재료로

도 쓰여.

옥수수 가루로 만든 과자 같은 빵, 토르티야Tortilla는 지금도 아메리카 사람들의 주식이야. 토르티야는 말린 옥수수 알을 물에 불렸다가 납작하고 얇게 만들어 부친 음식인데 시장에서 파는 토르티야만 해도 종류가 100가지가 넘는다고 해. 그 안에 무엇을 넣어 먹느냐에 따라 이름이 달라지지.

우리에게 알려진 대표적인 음식으로는 토르티야를 살짝 구워 부침개처럼 만든 뒤에 고기·콩·채소 등을 싸서 먹는 타코, 토르티야를 기름에 튀겨 치즈를 얹은 나초, 토르티야에 고기를 넣고 매운 소스를 뿌린 엔칠라다, 토르티야 사이에 치즈·소시지·채소 등을 넣어서 구운 케샤디야, 토르티야에 고기·콩 등을 싼 부리토 정도지.

그런데 지금의 멕시코 사람들처럼 옥수수로 만든 이 음식을 처음부터 모두가 즐긴 건 아니었어. 옛날 귀족들은 옥수수 음식이 하층 계급이나 먹는 것이라 여겨 밀로 만든 빵을 더 즐겨 먹었대. 그래서인지 지금도 타코는 요리라기보다는 샌드위치처럼 간편하게 먹는 음식이 되어 고급 레스토랑에선 찾아보기 어려워.

옥수수가 잘 자라지 않는 고산 지대의 원주민들은 대신 감자, 고구마와 같은 뿌리채소와 콩, 토마토, 고추 등을 먹으며 살았어.

원주민 대부분은 식전부터 일과를 시작해 오전 10시가 되면 잠깐 쉬면서 옥수수 죽을 먹었어. 이것이 하루의 첫 번째 식사였고, 낮 12시가 조금 넘어 토르티야를 주식으로 하는 든든한 식사가 두 번째였어.

그러다 에스파냐가 아즈텍 문명을 침략하면서 멕시코에도 에스파냐의 문화가 스며들었는데 그 대표적인 것이 에스파냐의 다섯 끼 식사야.

오늘날 멕시코는 국민의 반 정도가 멕시코 원주민과 에스파냐 인의 혼혈인들이야. 그래서 멕시코 음식 문화는 아메리카 원주민 음식 문화와 에스파냐 음식 문화가 뒤섞여 있지.

에스파냐의 영향을 받은 멕시코 사람들은 곧 에스파냐 사람들처럼 일어나자마자 빵을 먹고 초콜릿을 마신 뒤 9시쯤에 간단히 아침 식사를 하고, 정오에 차와 고기를 이용한 간식을 먹고, 그러고 나서 오후 3시쯤 점심을 잘 차려 먹은 뒤 밤 8시에서 9시 즈음 빵과 커피로 간단히 저녁 식사를 하는 하루 다섯 끼 식사를 했어.

에스파냐 사람들이 전한 가축이라든가 채소 등의 영향으로 멕시코의 토르티야도 달라졌어.

토르티야는 원래 검소하고 소박한 음식이었지만 토르티야에 닭고기나 쇠고기, 돼지고기, 양고기 같은 것 등을 싸서 먹으면서 다양하고도 영양이 풍부한 음식으로 발전했어.

지금 옥수수를 주식으로 삼는 나라는 아프리카와 남미 일부뿐이야. 이 두 곳을 제외한 대부분의 나라에서는 옥수수를 팝콘이라든가 시리얼처럼 간식이나 간단한 아침 식사로 즐기고 있어.

사실 팝콘은 아즈텍 사람들의 부적 목걸이였다고 해. 부적이란, 나쁜 일은 막아 주고 좋은 일이 생기길 바라며 몸에 지니고 다니는 물건이야. 그래서 제사를 지낼 땐 꼭 이 팝콘 목걸이를 목에 걸었대.

팝콘은 미국 팝콘회사가 깡통에 담아 팔면서 인기를 누리다 20세기 초 극장이 생기면서 전성기를 맞았어. 오늘날 극장과 팝콘은 떼려야 뗄 수 없는 관계잖아.

옥수수로 만든 시리얼은 미국 켈로그 박사가 채식주의자를 위해 개발한 음식이야. 죽을 끓여 먹으려고 밀, 쌀, 귀리, 옥수수 같은 곡물을 물에 담가 놓았는데 그만 깜빡 잊어버린 거야. 물에 불린 곡물을 다시 평평하게 해 바싹 말려 보았지.

그렇게 해서 우연히 개발된 콘플레이크가 지금은 설탕이라든가 첨가물이 너무 많이 들어가, 초기의 의도와는 달리 어린이들의 건강을 위협하고 비만을 부르는 아침 식단이 되었으니 무척 안타까운 일이야.

우정의 상징 '마테 차'와 숯불구이 '아사도'

마테 차는 마테나무의 잎으로 만든 차인데 쓴맛이 나면서도 카페인이 많아 남아메리카 사람들이 즐기는 음료수야. 마테 차에는 비타민이나 미네랄의 함유량도 많아서 '마시는 샐러드'라는 별명도 있어. 커피나 차와 같은 기호품이기도 하지만 채소 재배가 힘든 지역에서는 중요한 영양 섭취원이 되는 음식이기도 해.

어릴 적부터 천식을 앓던 체 게바라 아르헨티나의 혁명가도 이 마테 차를 즐겨 마시며 기침을 다스렸다는 이야기도 있어.

남미의 카우보이 가우초들에게 이 마테 차는 없어서는 안 될 아주 중요한 음료수야. 가우초는 마테 잎에 숯불 안쪽에서 나오는 재를 같이 끓여서 아침부터 저녁까지 이 차를 틈나는 대로 즐겨 마신다고도 해.

고산 지대에서 짐승을 돌보며 돌아다니는 생활에서 마테 차는 과일과 채소의 역할까지도 톡톡히 하기에 아주 요긴한 먹을거리였어.

마테 차를 마실 때는 각자 잔 하나씩을 들고 마시는 게 아니라 달랑 잔 하나로 서로 돌아가며 마신대. 차 한 잔을 주고받으며 서로 즐거움과 슬픔을 함께 나눈다고 하니 마테 차는 아무래도 이들에게 우정의 상징인 것 같아.

아사도는 본래 가우초들이 먹던 전통 음식이었어. 숯불 그릴 위에 다양한 고기 부위를 통째로, 그러니까 뼈째 구워 먹는 음식이야. 다른 양념은 하지 않고 그 위에 굵은 소금만 뿌리지.

고기를 연하게 할 때는 아르헨티나 초원에서 난 포도주를 뿌리기도 해. 고기를 불에 구워 먹는 것은 전 세계 어디서나 쉽게 볼 수 있는 모습인 것 같아. 다만, 아사도는 숯을 잘게 부셔 열과 연기로 굽는 숯불구이야.

구워 먹는 고기 부위는 아주 다양해. 갈비뼈를 통째로 구워서 버리는 게 거의 없어. 따로 곁들여 먹는 것도 없고, 복잡한 식사 도구도 필요 없어. 그저 칼로 푹 찍어서 먹으면 되니까 초원에서 생활하는 가우초들에게는 간편하고도 아주 실용적인 음식인 셈이지.

인디오들의 슬픈 역사 '사탕수수'와 '페이조아다'

어린이들이 좋아하는 달콤한 사탕. 인도에서는 설탕을 '칸다' 라고 불렀어. 이 말이 아라비아로 전해지며 '칸디' 로 바뀌었는데, 이 말이 또 영국으로 가면서 '캔디' 가 되었지. 사탕을 얻으려면 사탕수수가 있어야 해.

한 사람이 겨우 누울 수 있는 칸막이 공간에 아프리카에서 잡혀온 흑인 노예들이 겹겹이 쌓여 있었어. 식민지를 개척했던 당시 유럽 사람들은 남아메리카 대륙에서 자라는 사탕수수를 재배해 돈을 벌기 위해 인력이 많이 필요했거든. 그래서 유럽 사람들은 아프리카 지역의 원주민들을 닥치는 대로 배에 실었어.

평화롭게 노닐던 아이들과 어른들은 어느 날 갑자기 총부리를 겨누며 다가온 백인들에게 납치돼 배로 끌려 왔어. 그렇게 닭장 같은 배에 실린 채 몇 달 동안 바다 위를 헤매다 도착한 곳이 남아메리카야. 불행히도 많은 흑인이 남아메리카 땅을 밟지도 못한 채 닭장 같은 배 안에서 숨을 거두었지.

몇 달을 굶다 겨우 목숨을 부지하고 도착해 보니 생전 처음 와 보는 땅. 가족들은 어디 있는지 알 수도 없었지. 그곳에 도착한 아프리카 사람들은 제대로 먹지도 못한 채 백인들의 노예가 되어 밤낮으로 뜨거운 햇볕 아래 사탕수수밭에서 일해야 했어.

끌려온 흑인들은 사탕수수뿐만이 아니라, 목화밭, 커피 농장 등에서도 일했지. 이런 슬픈 역사를 가진 사람들이 재배했던 것이 달콤한 설탕의 원료인 사탕수수라니 세상엔 수수께끼 같은 이야기가 퍽 많은 것 같아.

콜럼버스가 에스파냐 국왕의 원조를 받아 향료, 금, 은을 찾아 아메리카 신대륙에 도착했을 즈음에는 설탕이 금보다 더 귀하고 비쌌을 때였어.

1,500명이나 되는 대규모 선원들을 데리고 도착한 콜럼버스는 예상했던 만큼 금은보화를 건지지 못하자 노예를 잡아다 팔고서 설탕을 생산해서 그 이익을 대신하려고 했지. 그곳은 따뜻한 날씨와 강수량이 풍부해서 사탕수수를 재배하기엔 적합했거든.

때마침 신대륙에서 가져간 홍차, 커피, 초콜릿 음료가 유럽 대륙에서 큰 인기를 얻어 유행한 탓에 설탕이 엄청나게 필요했어. 설탕을 만들어 파는 장사는 정말 이윤이 엄청 남는 돈벌이였어. 공짜로 일을 시켜 사탕수수를

재배하고 그 사탕수수를 식민지였던 인도로 가져가 공짜로 설탕을 만들었으니 왜 안 그랬겠니!

　엘리자베스 영국 여왕은 에스파냐 함선을 격파하고 아메리카 대륙의 카리브 해로 침입해 설탕 생산과 노예 무역에 열을 올렸던 거야. 지금도 영국 귀족과 높은 사람 중에 당시 설탕 농장주가 많은 건 바로 그런 이유 때문이야.

　어느 날 갑자기 짐승처럼 잡혀와 날이면 날마다 힘든 노동에 시달리면서도 흑인 노예들은 충분한 음식을 받지 못했어. 사탕수수밭과 커피 농장, 목화밭에서 온종일 힘들게 일을 해도 먹을 음식은 충분하지 않았지.

　그래서 백인 주인들이 먹다 버린 고기 부스러기, 돼지의 코·귀·꼬리를 쓰레기통에서 주워 왔어. 백인 주인들은 먹기 좋은 부위만 먹고 나머지 것들은 버렸거든. 노예들은 그것을 가져다가 검정콩, 마늘 등을 섞어 냄비에 넣고 푹 끓여서 먹었어. 이 음식 이름이 '페이조아다' 야. '페이조' 는 콩, '아다' 는 '섞어서 찌다' 라는 뜻인데 검은콩을 주로 이용해서 겉보기엔 우리 팥죽과 비슷해.

　어찌 보면, 브라질의 이 '페이조아다' 는 우리나라의 부대찌개와 유래가 비슷한 음식이야. 한국 사람이라면 누구나 좋아하는 햄, 소시지가 들어간 얼큰한 부대찌개는 사실 한국 전쟁이 끝난 뒤, 미군 부대에서 유통 기한이 지나 내다 버린 소시지와 햄 등에 김치와 채소를 넣어 푹 끓여 우리식으로 개발한 음식이니까.

신들의 열매 초콜릿

초콜릿은 원래 그리 단 음식이 아니었어. 원래 색깔도 흰색이었지. 영국식 영어로는 '코코아', 미국 사람들은 '카카오'라고 부르는 초콜릿의 주원료는 남아메리카가 원산지야.

카카오 열매를 물로 씻은 다음 건조한 것이 카카오 콩이고, 볶아서 가루로 만든 것이 카카오 반죽 cacao paste 인데, 여기에 설탕·우유·향료를 첨가하여 굳힌 것이 바로 우리가 먹는 초콜릿이야.

카카오는 14세기부터 남아메리카 대륙에서 재배됐어. 그때의 카카오는 인디오들에겐 치료제 역할도 했는데, 아침에 일어나서 카카오를 먹으면 위험을 피할 수 있다고 믿었대.

아즈텍 전사들은 매운 칠레 고추를 넣은 카카오를 먹었고, 또 아즈텍 사람들은 카카오 열매를 화폐 대신 쓰기도 해서 제사 때면 반드시 신께 바치기도 했지.

1519년 에스파냐 사람들이 아즈텍 족 멕시코 고원에 살던 인디오 부족 을 정복한 뒤, 유럽 사람들은 남아메리카 대륙에서 가져간 카카오를 커피처럼 뜨겁게 해 설탕을 넣어 마셨지. 어찌나 맛이 좋던지 당시 에스파냐 왕 페르디난트 5세는 자기 혼자만 먹으려고 신하들에게 이 맛의 비밀을 퍼뜨리면 사형에 처한다고까지 했었대.

맛있는 걸 혼자만 먹겠다는 왕이었으니 나랏일은 어떻게 처리했을까? 하

지만, 맛의 비밀은 날개 달린 새처럼 훨훨 날아가서 퍼져나갔지. 카카오 열매, 즉 초콜릿은 오랫동안 귀족의 신분을 나타내는 음료였어.

유럽 사람들은 여기에 버터도 넣어 보고 우유도 넣어 보고 갖가지 실험을 했어. 음료로만 마시던 초콜릿을 계속 개발하여 한입에 쏙 들어가는 딱딱한 초콜릿도 만들었고.

사실 지금 우리가 먹는 딱딱한 초콜릿은 역사가 100년 정도밖에 되지 않아. 요즈음에는 이 초콜릿 안에 잼, 달콤한 포도주 등 갖가지 것들이 들어간 초콜릿도 흔히 볼 수 있잖아. 예쁘게 장식한 초콜릿은 요즈음 특별한 날에 사랑하는 사람에게 주는 선물로도 그만이지.

그러나 이렇게 고급스럽고 고운 이미지와는 달리 초콜릿 속에는 세상의 슬픈 현실이 담겨 있어. 놀랍게도 오늘날 카카오 농장에서 많은 어린이가 노예처럼 일한다는 보도가 있었어.

모든 어린이에게는 교육받을 권리가 있다고 세계 인권 선언에 나와 있지만, 전 세계 카카오 농가는 대체로 소규모 가족 단위라서 기본적인 교육 혜택을 누리지 못하는 아이들이 대부분이야. 정당한 대가를 주지 않고 올바른 방법으로 만들지 않은 음식을 먹어도 괜찮은 걸까?

공정무역 초콜릿 들어 봤니?

이제까지는 원료를 생산하는 나라와 생산된 제품을 판매하는 나라 사이에는 불평등한 교역이 있었다. 카카오 농장에서 아무리 열심히 일을 해도 너무 싸게 카카오를 사 가니까 초콜릿은 비싸도 카카오 농장에서 일하는 사람들은 늘 가난을 피할 수 없었다.

'공정 무역' 또는 '착한 소비'는 적정한 원료 가격을 지불하도록 하는 소비를 일컫는다. 물건을 파는 사람이 아니라 사는 사람이 나서서 제값을 주고 원료를 샀는지 확인하는 것이다. 타인의 노력을 착취하지 않고 만든 초콜릿을 더 기분 좋게 먹을 수 있을 테니 말이다.

패스트푸드 대명사, 핫도그와 햄버거

미국 뉴욕에 사는 피터가 아침 식사로 제일 좋아하는 음식은 베이글이야. 베이글은 수영장에서 가지고 노는 튜브처럼 생긴 둥근 빵인데 쫄깃쫄깃 씹는 맛이 아주 일품이야.

피터는 베이글 안에 치즈를 넣은 다음 치즈가 쫀득쫀득 녹을 때까지 전자레인지에 살짝 돌렸다가 우유하고 같이 먹어. 잠꾸러기 피터에게는 후다닥 챙겨 먹을 수 있는 베이글만큼 든든한 아침 식사가 없어. 학교 식당에서 점심을 먹을 때까지 배가 꼬르륵꼬르륵 요동을 좀 치겠지만 아침을 굶고 가는 것보다는 낫잖아.

피터네 집에서 베이글로 아침을 먹는 사람은 피터하고 피터 할아버지뿐이야. 피터 할아버지는 유대인이야. 베이글은 할아버지가 어렸을 적부터 드셨던 유대인 음식이야. 할머니와 엄마는 아침으로 크루아상과 커피를 먹어. 할머니는 프랑스 사람이거든. 피터 아빠는 달걀과 햄, 베이컨 그리고 과일 주스로 아침을 먹지. 피터네 집은 이렇게 각자 개인의 취향대로 아침을 해결해.

피터네 집만 그런 건 아니야. 피터하고 가장 친한 친구 캐시네도 거의 비슷해. 캐시 엄마는 이탈리아 사람이고 아빠는 영국 사람이거든. 그래서 엄마는 콩소메(맑은 고기 국물 수프)를, 아빠는 시리얼을 먹지.

알다시피 미국은 여러 나라에서 온 이민자들이 모여 만든 나라잖아. 아무래도 각자 자기 고향의 음식에 익숙했겠지. 그러다 곧 미국 현지의 재료를 섞어 나름의 음식을 개발해 냈어.

　조개, 생선 등에 양파, 감자 등을 넣어 만든 클램차우더 수프, 남아메리카 대륙에 흔한 옥수수로 만든 옥수수 수프, 콩 또는 흰 강낭콩에 돼지고기를 넣고 끓인 포크빈스, 잉글랜드 보일드 디너 등이 대표적인 미국식 요리지.

　잉글랜드 보일드 디너는 아일랜드 사람들이 명절 음식으로 쇠고기나 돼지고기 등에 양배추, 감자, 양파, 당근 등을 넣고 고기가 부드러워질 때까지 끓여 조리한 거야.

　요즈음 미국 사람들은 대부분 음식을 미리 양념하지 않고 조리한 다음 소스를 뿌려 먹고, 오븐이라든가 전자레인지를 많이 사용하고 있어. 왜 그러냐고? 그래야 음식을 빨리 준비할 수 있거든. 바쁜 생활 탓에 냉동식품이라든가 패스트푸드도 많이 이용하지. 또 외식도 잦은데 점심 식사는 주로 햄버거나 핫도그, 샌드위치 피자가 일반적이야.

　피터도 학교 식당에서 대개 이런 것들로 점심을 해결하지. 피터는 햄버거하고 감자튀김도 좋아하는데 감자튀김을 먹을 때 특히 토마토케첩을 듬뿍 뿌려 먹지.

　피터뿐만 아니라 미국 사람들은 케첩을 아주 좋아해. 1876년 미국의 펜실베이니아 주에 있는 하인즈가 토마토케첩을 대량 생산한 이래, 케첩은 미국을 대표하는 양념이 됐어. 케첩은 패스트푸드와 썩 잘 어울려서 많은 사람이 즐겨 먹고 있지.

　제2차 세계 대전 이후 세계의 주도권을 잡은 미국을 중심으로 식품 산업

이 아주 빨리 성장했어. 이제 사람들은 배를 채우는 일을 걱정하지 않아도 됐지. 기계의 도움을 받은 대규모 밀 농사 덕분에 밀가루로 만든 값싸고 편리한 각종 냉동 요리를 만들어 팔기 시작했거든.

아메리카에서 인디오의 버펄로를 쫓아낸 미국인들은 자신들의 소를 넓은 대륙에서 키워 소가 남아돌았어. 덕분에 햄버거도 아주 빨리 퍼져 나갔지.

햄버거는 이처럼 미국에 남아도는 쇠고기와 밀가루를 전 세계에 효과적으로 팔아 주는, 미국에는 아주 보배 같은 음식이야.

핫도그는 원래 독일의 소시지에서 나온 음식이야. 독일의 프랑크푸르트에서는 프랑크 소시지라는 것을 만들었어. 그런데 소시지의 모양이 다리가 매우 짧고 몸통이 긴 독일 사냥개 닥스훈트와 너무 닮아서 '도그'라는 이름을 지어 주었대.

독일에서는 이걸 접시 위에 놓고 썰어 먹지.

이들은 미국에 이민 온 뒤에도 이 '도그'를 즐겨 먹었어. '도그'를 접시에 놓고 썰어 먹는 것이 귀찮아서 나중에는 샌드위치처럼 빵 위에 얹어서 먹었대. 이것이 변형되어 오늘날의 핫도그가 되었지.

그런데 앞에 '핫'은 뭐냐고? '핫'이란, 뜨겁다는 뜻만 있는 게 아니야. 맵다는 것도 '핫'이라고 하고, 막 나와서 '따끈따끈하다'라는 뜻도 있어. '새로 나온 소시지', 그래서 '따끈따끈한 소시지'가 바로 '핫도그'가 된 거야.

'햄버거'라는 말은 독일의 함부르크에서 유래된 말이라고 해. 15세기 무렵, 함부르크 사람들은 잘게 저민 쇠고기에 양념을 섞어 맛을 낸 함부르크 스테이크를 만들어 먹었대.

그런데 지금의 햄버거는 독일 전통 음식이 아니라 미국에 이민 가는 사람들이 배 안에서 만든 음식이야.

이민자들은 배 안에서 오랫동안 지내려고 각종 음식을 준비했어. 하지만 얼마 지나지 않아 싸 갔던 고기 상태가 나빠졌지. 이 고기를 어떻게 먹을까 궁리하다가 고기를 잘게 다진 다음, 양파, 채소를 넣어 만든 것이 햄버거 스테이크의 기원이지.

그러니까 신선하지 못한 고기를 맛있게 먹으려는 방법에서 출발한 것이 바로 햄버거 스테이크야. 더 나은 세상을 꿈꾸며 미국을 찾아든 사람들은 이렇게 다진 고기를 빵에 끼운 햄버거나 핫도그 같은 패스트푸드를 만들어 먹으며 바쁜 생활에 적응해 나갔어.

건강을 해치는 화학 조미료, 식품 첨가물

집에서 토마토 주스를 만들어 먹어 본 적 있니? 토마토를 갈아서 단 5분만 그냥 식탁 위에 놓아두면 마치 떠먹는 요거트처럼 굳어서 숟가락으로 떠먹어야 해.

그런데 유리병 속에 든 토마토 주스는 언제나 찰랑찰랑 움직이지. 게다가 색깔도 퍽 붉어. 집에서 갈아 만든 토마토 주스는 그렇게 붉지 않은데 말이야. 좀 더 오래 보존하고, 좀 더 맛있게 보이려고 사용하는 식품첨가물이 들어갔기 때문이야.

음식이 상하지 않게 하는 산화 방지제나 방부제 같은 것들을 넣지 않으면 유통기한이 짧아서 물건을 오래 두고 팔 수가 없어. 너희가 좋아하는 과자에는 그런 식품 첨가물이 정말 많이 들어 있어.

한 조사에 의하면, 우리나라 사람 한 명이 1년 동안 먹는 식품 첨가물의 종류는 330가지, 그 양은 5킬로그램이라고 해. 식품 첨가물이 들어간 음식을 많이 먹으면 성장에 장애를 일으키는 것은 물론 우리 몸이 쉽게 피곤해지고 갖가지 잔병에도 잘 걸려. 하지만, 이런 식품 첨가물의 부작용에 대해 아는 사람들은 많지 않은 것 같아.

패스트푸드와 더불어 쉽게 데워 먹을 수 있는 인스턴트식품(간편식)은 사실 우리 건강에 좋지 않아. 조금 더 맛나게, 조금 더 편하게 먹으려다 보면 조미료와 인공 향신료, 화학 첨가물들이 들어갈 수밖에 없어. 마트라든가 편의점에서 쉽게 살 수 있는 음식들은 유통 기한이 비교적 긴 편이야.

패스트푸드는 열량만 높고 영양가가 적어서 정크 푸드(쓰레기 음식)라고도 불려. 정크 푸드란, 건강에는 별로 좋지 않으면서 살은 찌기 쉬운 음식이란 뜻이야. 그래서인지 미국 어른 100명 중 60명이 비만인 상태야. 그중 14명은 고도비만 상태라고 해. 미국 사람들이 사망 원인 중 두 번째로 높은 게 바로 비만이야.

뿐만이 아니야. 미국 사람들은 1년 동안 먹을 쇠고기를 생산하려고 1인당 1,000리터의 석유를 쓴대. 그래서 에너지 최대 소비국이라는 불명예도 안고 있지. 이런 패스트푸드의 부작용 때문에 '슬로푸드'를 먹자고 주장하는 사람들이 있는 거야.

'슬로푸드'란, 이탈리아를 중심으로 일어난 패스트푸드와 반대되는 개념의 음식 문화 운동이야. 규격화, 세트화되어 빨리 만들어서 빨리 먹는 음식에 대항해 전통적인 조리법으로 각자의 개성에 맞춰 함께 즐기며 먹는 음식을 가리켜.

경제 성장과 더불어 남보다 빨리 돈만 벌고 잘살면 그만이라고 생각했던 시절에는 음식에 방부제가 얼마나 들어가 있는지 신경 쓸 겨를이 없었어. 하지만, 요사이 사람들은 지나친 성장이 오히려 더 큰 부작용을 낳는다는 것을 깨달았지. 나중에 그 부작용 때문에 드는 비용과 고생을 감당하느니 차라리 더디게 가는 것도 그리 나쁠 게 없다는 생각을 하기에 이른 거야.

이제는 돈을 좀 적게 벌더라도 질적으로 보람되고 좋은 삶을 살겠다는 사람들이 조금씩 늘어나기 시작했어. 그걸 요즈음 유행하는 말로 '로하스 LOHAS' 라고 해. 그러면서 채소도 유기농으로 재배한 것을 찾고 있어. 돈만 벌면 그만이라는 공장제 식품들의 비양심적인 행위에 신물을 느낀 거지.

일부 대기업들은 음식 자체의 질보다는 광고에 더 많이 돈을 쏟아 붓고, 회사 이미지에만 신경을 쓰는 게 현실이야. 《패스트푸드의 제국》이라는 책을 보면 콜라는 원가의 14배의 가격에 팔리고 있다고 해.

로하스를 조금 더 자세히 알아보자

로하스(LOHAS)는 Lifestyles Of Health And Sustainability의 줄임말이다. 건강과 환경, 사회의 지속적인 발전 등을 심각하게 생각하는 소비자들의 생활 패턴을 이야기한다.

웰빙에 '사회와 환경'을 추가해, 친환경적이고 합리적인 소비를 지향한다는 뜻으로 쓰이고 있다.

2000년에 미국의 '내츄럴 마케팅 연구소'가 처음으로 사용한 용어로 건강과 지속적인 성장을 추구하는 생활 방식 또는 이를 실천하려는 사람을 말한다. 개인의 정신적·육체적 건강뿐 아니라 환경까지 생각하는 친환경적인 소비를 강조한다. 우리가 할 수 있는 활동으로는 장바구니 사용, 천으로 만든 기저귀나 생리대 사용, 일회용품 사용 줄이기, 프린터의 카트리지 재활용 등이 있다.

콜라의 원가가 100원이면 판매가는 1,400원이라는 거야. 그렇다면 나머지는? 비싼 모델료, 광고료가 대부분이야. 앞으로도 공장제 음식은 더 많이 쏟아질 테고, 종류도 무척 다양해질 거야. 현명한 소비자를 현혹하는 광고도 더욱더 쏟아질 거고.

바쁜 현대인들 대부분은 일주일에 한 번씩 집 근처 대형 할인점에 가서 냉동식품 등 방부제가 잔뜩 들어간 식품을 한 아름 사 와서 냉장고를 채우고 그것을 조금씩 꺼내 먹으며 살고 있어.

농부들이 직접 재배한 농작물을 가까운 도시로 들고 나와 일주일에 한 번씩 장을 열어 도시 주민에게 직접 팔면 어떨까? 그렇게 되면 도시 사람들도 갓 재배한 질 좋고, 값싼 식품을 얻을 수가 있을 거야. 판매자가 중간에 끼지 않는 이런 직거래 장터는 소비자와 생산자 모두에게 아주 도움이 될 텐데 말이야.

첫 수확을 감사하는 추수 감사절과 칠면조 요리

 메이플라워호를 타고 대서양을 건너 신대륙에 정착한 최초의 유럽 인들은 자기들 나라에서 가져온 농작물의 씨를 뿌리고 열심히 농사일을 했지만, 날씨도 다르고 토양도 달라서인지 수확이 영 신통치 않았어.

 그 첫해 유럽에서 온 이주민들은 엄청나게 고생했지. 아메리카 대륙의 선량한 원주민들은 유럽에서 온 이민자들에게 옥수수씨를 나누어 주며 농사법을 가르쳐 주었어. 미국에 살던 원주민들은 옥수수는 물론, 토마토, 호박과 같은 채소와 야생 칠면조를 키웠는데, 자기들이 해 먹던 재배법과 요리법을 모두 유럽 인들에게 전해 주었던 거야.

 원주민들 덕분에 유럽 사람들은 이듬해 엄청난 풍작을 이루어 냈어. 기쁜 마음에 이들은 감사의 잔치를 벌이기로 했어. 처음 대서양을 건너 신대륙을 찾아와 온갖 고생을 했던 걸 기념하는 잔치였지.

유럽에서는 거위를 잡아 추수 감사절을 지냈지만 미국에서는 칠면조를 잡았어. 11월 넷째 주 목요일이 기념일인 추수 감사절은 미국 최초의 개척자들을 기념하는 미국 최대의 명절이 되었어.

추수 감사절이 되면 미국 대통령이 백악관에서 칠면조 한 마리를 풀어주는 걸 텔레비전에서 본 적 있니? 추수 감사절에 미국 사람들 배 속으로 들어가는 칠면조에게 미안한 마음을 표시하기 위한 행사라고 해. '부처님 오신 날'에 우리나라 불교 신자들이 살아 있는 거북이나 붕어를 놓아주는 방생도 비슷한 마음의 표시라고 할 수 있겠지.

4장 오세아니아 이야기

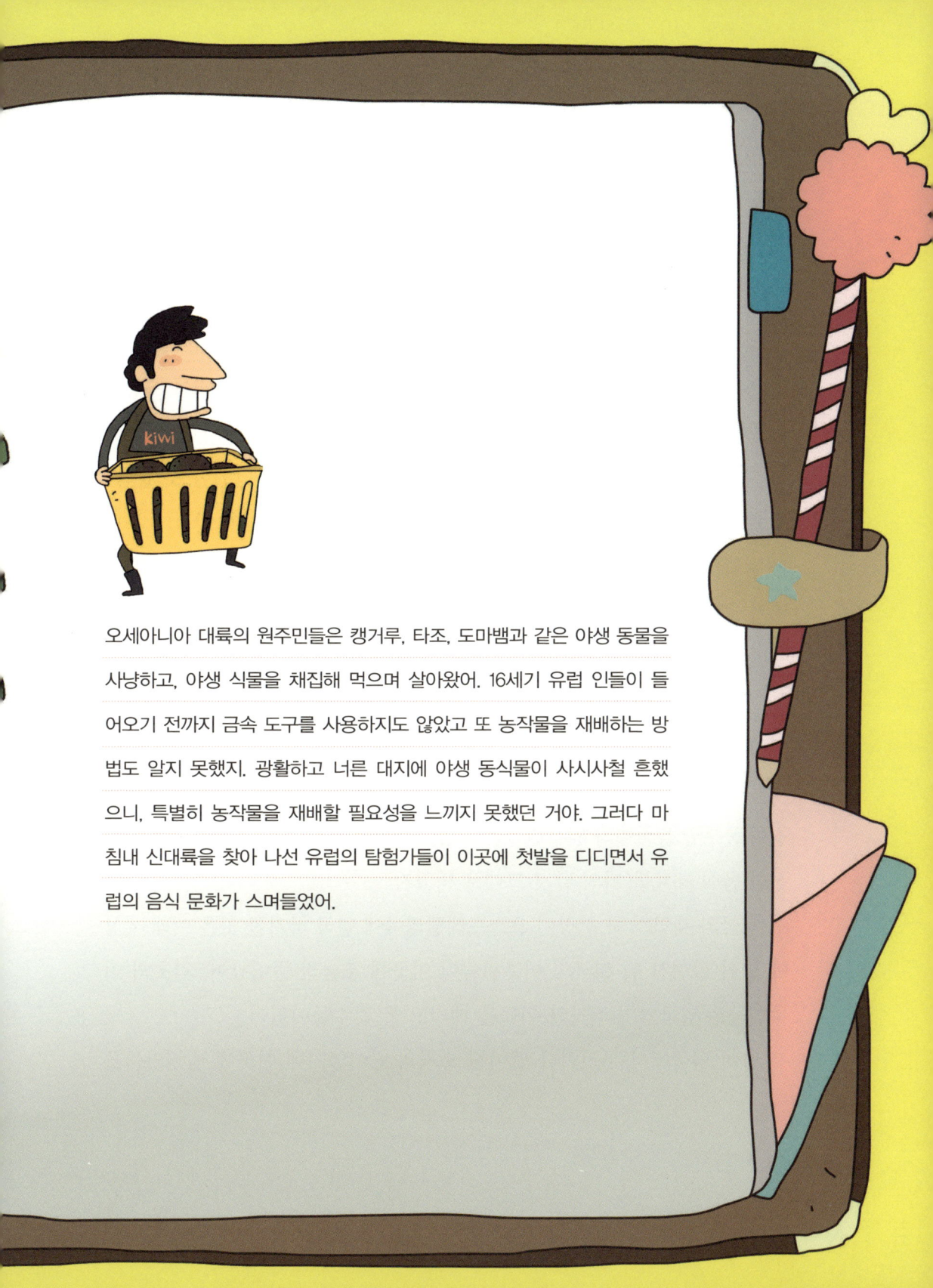

오세아니아 대륙의 원주민들은 캥거루, 타조, 도마뱀과 같은 야생 동물을 사냥하고, 야생 식물을 채집해 먹으며 살아왔어. 16세기 유럽 인들이 들어오기 전까지 금속 도구를 사용하지도 않았고 또 농작물을 재배하는 방법도 알지 못했지. 광활하고 너른 대지에 야생 동식물이 사시사철 흔했으니, 특별히 농작물을 재배할 필요성을 느끼지 못했던 거야. 그러다 마침내 신대륙을 찾아 나선 유럽의 탐험가들이 이곳에 첫발을 디디면서 유럽의 음식 문화가 스며들었어.

오스트레일리아 원주민 음식, 부시 터커

오세아니아는 수많은 섬으로 이루어진 대륙이야. 사시사철 온도 차이가 크지 않은데다 폭우나 폭풍 같은 자연재해도 드물어서 지상 낙원이라는 별명도 있어. 넓디넓은 미개척지에 정글도 있지만 인간에게 해를 끼치는 사나운 동물은 없다고 해. 게다가 힘들게 농사를 짓지 않아도 1년 내내 산과 들에서 자라는 과일과 열매도 그득하니 지상 낙원이란 별명이 당연한 것 같아.

부시 터커는 오스트레일리아 원주민들이 먹던 전통 음식을 얕잡아 부르는 말인데 오스트레일리아 땅에서 나는 향신료, 약초, 파충류, 곤충 등을 가리켜. 캥거루, 악어 등의 고기를 이용한 스테이크, 가재나 곤충 또는 곤충의 애벌레 등을 재료로 하는 요리도 포함돼.

그중 그럽 땅벌레 곤충 음식은 디저트로 유명해. 아몬드하고 비슷한 맛이 나서 인기가 그만이야.

캥거루 고기는 원주민들이 늘 먹어 오던 음식이었어. 지방이 적고 단백질이 풍부한 음식이라 원주민들은 소금이라든가 향신료를 사용하지 않고 신선한 음식 재료를 거의 날것 그대로 먹었지.

영국의 제임스 쿡 선장이 오스트레일리아에 영국 국기를 꽂은 이래 세상에 널리 알려진 뒤 영국의 이주민들이 이곳에 조금씩 들어왔어. 최초의 이주민들은 영국의 범죄자와 이들을 데리고 온 간수들이었어.

당시 영국에서 무척이나 떨어진 오지의 땅이었기에 이곳에 범죄자들을 유배 보내다시피 내다 버린 것이 유럽 문화의 싹을 틔우는 계기가 되었던 거야. 이들 초기 영국 정착민들 때문에 지금도 영국식 음식 문화가 많이 남아 있는 편이야.

 이곳에 정착한 영국 사람들은 곧 자신들의 고향 음식에 원주민들의 음식인 바나나와 코코야자를 받아들였어. 캥거루 고기에 자기들이 가져온 각종 향신료를 뿌려 먹었어. 바비큐 파티를 할 땐 소시지도 함께 구워 먹었지. 참, 요사이에는 각종 동물 협회에서 캥거루 식용을 반대하고 있어서 일부 지역에서는 캥거루 고기를 먹는 것이 불법이야. 그래서인지 오스트레일리아에는 캥거루가 무척이나 흔해.

드넓은 대지에 인구가 턱없이 부족한 탓에 오세아니아 대륙은 세계 여러 나라로부터 이민자들을 받아들이고 있어. 그래서 현재 세계 각국에서 이민 온 다양한 민족의 다양한 음식 문화가 한데 어우러져 있지.

오지의 땅 아웃백 고기

오스트레일리아는 세계에서 육류를 가장 많이 생산하는 나라야. 생산량만큼이나 소비량도 많아서 세계에서 육류를 가장 많이 먹는 나라이기도 해.

육류를 먹는 특별한 요리법은 없어. 어떤 음식이든 재료가 싱싱하면 많은 양념이나 다양한 요리법은 굳이 필요하지 않아. 이들은 야생에서 나는 캥거루, 악어, 타조와 같은 갖가지 육류 고기의 맛을 그대로 즐겨서 소금, 후추 등을 약간만 뿌려 먹는 걸 좋아해.

영어의 아웃백은, 바다나 도시에서 멀리 떨어진 완전 두메산골 지역이라는 뜻이야. 우리나라에도 같은 이름의 유명한 프랜차이즈 레스토랑이 있어서 낯익을 거야.

오세아니아는 드넓은 땅에 도시는 정말 얼마 안 돼. 대신 아직 인간의 손이 닿지 않은 드넓은 땅에서 자연 방목한 갖가지 품질 좋은 고기를 싼값에 전 세계에 공급하고 있어.

마오리 족의 돌찜 음식, 항기 요리

한때 영국의 식민지였기에 뉴질랜드 음식은 오스트레일리아와 마찬가지로 영국의 음식 문화를 많이 닮았지. 거기에 뉴질랜드의 원주민 마오리 족의 음식 문화가 어우러져 있는데 그중 마오리 족의 자연을 이용한 돌찜 요리는 정말 기발한 생각이 돋보이는 음식인 것 같아.

돌찜 요리는 뜨거운 돌 위에 음식을 올려 익히는 돌 오븐을 이용한 음식이야. 먼저 주먹만 한 돌을 불에 달궈. 땅에 구멍을 파 두고 뜨겁게 달군 돌을 그 구멍 밑바닥에 고르게 잘 깔아. 그다음 바나나, 물고기 같은 음식을 코코넛 우유에 무쳐 바나나 잎으로 싸서 달군 돌 위에 차곡차곡 쌓아. 그 위에 바나나 잎을 덮고 흙을 덮어 열이 빠져나가지 못하게 해서 그 열로 음식을 쪄. 그렇게 한참을 놔두면 돌의 열기로 음식물에서 수분이 빠져나가면서 자연스레 찜 요리가 돼.

그깟 돌이 얼마나 뜨겁기에 음식이 익느냐고? 돌은 일단 한번 달궈지면 그 열이 엄청나게 오래 보존되는 성질이 있어. 잔치 때는 커다란 돼지도 몇 마리씩 이렇게 찐다고 하니까 돌의 위력이 정말 대단하지 않니? 이런 요리법을 '움'이라고 해.

일부 지역에서는 땅을 파지 않고 돌 항아리 항기를 이용하기도 해. 온천과 간헐천이 많은 지역에서는 이 뜨거운 땅의 열기만을 이용해 음식을 익혀. 고기와 채소를 큼직큼직하게 썬 뒤 자루에 담아 항기 속에 넣고 서너 시간

정도 놔두면 온천의 뜨거운 김으로 음식이 익어. 이렇게 온천 지역에서는 굳이 돌을 달굴 필요도 없이 땅속에 음식을 넣어 익히니 정말 자신들의 자연환경을 퍽 잘 이용하는 것 같지 않니?

　돌찜 요리는 마오리 족에게만 있는 건 아니야. 몽골에도 이와 비슷한 요리가 있어. 양고기 돌찜 요리 '허르헉' 역시 뜨겁게 달군 돌과 양고기를 함께 넣은 다음, 땅속에 묻어 두었다가 먹는 음식이야. 바람이 많이 부는 야외에서 생활하는 사람들에게 이 돌찜 요리법은 불꽃이 날리지 않는 데다 열 손실이 비교적 적어서 아주 유용한 방법이었어.

서로에게 요리법을 가르쳐 주지 않았을 텐데도 한참이나 멀리 떨어진 두 대륙의 사람들이 비슷한 요리법을 개발해 낸 걸 보면 정말 신기해! 자연환경을 이용하는 인간의 지혜가 만들어 낸 위대한 유산이 아닐까?

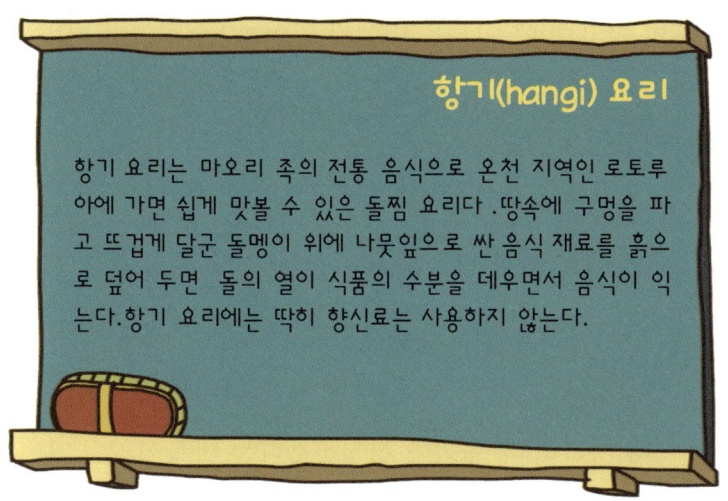

항기(hangi) 요리

항기 요리는 마오리 족의 전통 음식으로 온천 지역인 로토루아에 가면 쉽게 맛볼 수 있는 돌찜 요리다. 땅속에 구멍을 파고 뜨겁게 달군 돌멩이 위에 나뭇잎으로 싼 음식 재료를 흙으로 덮어 두면 돌의 열이 식품의 수분을 데우면서 음식이 익는다. 항기 요리에는 딱히 향신료는 사용하지 않는다.

사람고기를 먹었던 마오리 족

　사람이 사람고기를 먹을 수 있을까? 고대 멕시코의 원주민 아즈텍 인들은 식인 부족이었어. 뉴질랜드의 마오리 족 역시 사람고기를 먹었다는 기록이 있단다. 마오리 족은 꽤 호전적인 부족이었기에 전투에서 승리하면 죽은 사람의 몸을 잘라 그 고기로 잔치를 벌이기도 했다는 거야.

그런데 사람들은 왜 인육을 먹었을까? 언제부터 먹었을까? 정확한 기록은 알 수 없지만 인육을 먹는 습관은 인간의 역사만큼이나 오래되었다고 해. 먹을 것이 없어서 어쩔 수 없는 경우가 아니고도 인육을 먹었어.

배도 고프지 않은데 왜 인육을 먹었던 것일까? 인류학자 마빈 해리스는 사람고기 먹는 경우를 크게 두 가지로 나누었는데, 하나는 적의 시체, 또 하나는 가까운 친척들의 시체를 먹는 경우야. 가까운 사람들의 시체를 어떻게 먹을 수 있느냐고? 아마도 마법의 힘을 믿었던 것 같아. 죽은 사람의 아주 특별한 재주가 탐이 났다면 그 사람의 재주를 얻으려고 특정 부위를 먹었지. 그러나 무엇보다 사랑하는 이의 인육을 먹었던 이유는 땅속에 묻혀 시체가 썩거나 야생 동물의 밥이 되는 걸 막기 위함이었어. 사랑했던 사람을 그렇게 보내느니 차라리 내 몸속에 간직하겠다는 마음이었던 거지. 그래서 보통 장례식 이후 시체를 태우고 난 재를 슬픈 얼굴로 엄숙하게 먹곤 했어. 조금도 흘리지 않게 조심조심하면서…….

마오리 족과 같은 호전적인 부족도 인육을 먹었는데 이는 적에 대한 벌, 복수심에서 비롯됐다고 볼 수 있어. 특히 전사의 후예 마오리 족은 전사들의 이동성을 높이고 기습 공격을 하려고 일부러 식량을 가지고 다니지 않았다고 해. 짐이 많으면 이동하는 데 불편하잖아. 마오리 족은 전투에서 얻은 시체와 포로들 대부분을 전쟁 뒤, 바로 요리했어. 고기가 남으면 뼈를 발라내어 바구니에 싸서 돌아가는 길에 먹었지. 때로 몇 명의 포로를 살려 두었다가 포로들에게 이 바구니를 들고 가게 시켰다고 해.

이런 인육의 풍습은 서아프리카, 중앙아프리카, 피지, 뉴기니, 오스트레일리아, 수마트라 섬, 북아메리카와 남아메리카 지역의 일부 부족 사이에 퍼져 있었지만, 모든 원주민이 식인 풍습을 즐겼던 건 아니었어. 인디오 대부분과 다른 부족들은 인육을 먹는 행위를 몹시 혐오했지. 그래서 지금 이런 풍습은 거의 남아 있지 않아.

키위의 나라 뉴질랜드

　뉴질랜드는 키위의 나라야. 우리나라 사람들이 먹는 키위 중 70퍼센트는 뉴질랜드산이야. 뉴질랜드를 상징하는 새의 이름이 키위, 뉴질랜드에서 만들어 낸 과일 이름도 키위, 뉴질랜드 사람도 키위라고 불러. 과일 키위 표면의 털이 뉴질랜드를 상징하는 새 키위의 짙은 갈색 털과 닮았다고 해서 붙은 이름이야.

　뉴질랜드는 세계 제일의 키위 생산 국가야. 맑은 공기, 깨끗한 물, 거기에 화산재가 침식되어 비옥해진 땅은 뉴질랜드를 최고의 농산물 수출국으로 만들어 주었지. 뉴질랜드는 농산물 생산의 80퍼센트 이상을 수출하고 있는데 그중 단일 품목으로 키위 수출이 단연 으뜸이야. 거기엔 바로 제스프리라는 회사가 있기 때문이지.

　제스프리는 키위를 생산하는 농민들이 100퍼센트 소유한 기업이야. 3천

　여 농가의 농민이 주인이고 농민이 고용한 전문 경영인들이 회사를 경영하고 있어. 이 회사는 뉴질랜드 키위를 홍보하고, 새로운 품종을 개발하고, 또 유통하는 일을 담당해. 농민들은 회사가 잘 굴러가는지 언제든 확인할 수 있고, 회사는 농민들의 의견을 경영에 적극적으로 반영한다고 해.

　그 덕분인지 뉴질랜드의 키위는 고급 제품의 이미지를 업고 전 세계 시장으로 팔려 나가 큰 인기를 얻었어. 제스프리가 개발한 뉴질랜드 키위 중 하나가 너희가 잘 알고 있는 '골드키위'야.

우리나라는 이 뉴질랜드의 제스프리 회사와 2003년부터 20년 동안 매출액의 15퍼센트를 로열티로 내는 조건으로 제주도에서 뉴질랜드 키위를 재배하고 있어. 그 때문에 제주 지역 농가가 한 해에 제스프리에 지급하는 로열티가 10억 원 이상이라 농가에 큰 부담이 되는 게 사실이야. 그래서 지금은 우리나라에서도 국내 참다래 등의 신품종을 개발하는 등 많이 노력하고 있지.

아시아에는 한국, 일본, 중국은 물론 유럽과 가까운 중동 그리고 태국, 베트남과 같은 동남아 국가가 있어. 요사이에는 우리나라에도 동남아시아에서 온 외국인 근로자나 이주민 여성들을 자주 볼 수가 있어. 이들의 음식을 알면 좀 더 가까운 아시아 인이 될 수 있을 거야.

흔히 중동이라고 부르는 서남아시아 지역 사람들의 종교는 이슬람교로, 음식도 이슬람교의 영향을 많이 받았어.

중동을 제외한 아시아 음식 문화의 가장 큰 특징을 꼽으라면, 빵 대신 밥을 주식으로 하고 포크 대신 젓가락을 사용한다는 점이야. 또 하나! 대부분 아시아 사람들은 밥을 주식으로 먹어서 코스 요리보다는 밥과 반찬, 국 등을 한꺼번에 차려놓고 먹는 경향이 있어.

아시아 인들의 가장 대표적인 주식, 쌀

한국, 일본, 중국 사람들과 동남아시아 사람들은 밥을 주식으로 해. 끼니마다 반찬은 달라지지만 밥은 언제나 변함없이 밥상 위에 오르지. 밥과 반찬을 함께 먹어야 하기에 서양처럼 코스에 따라 먹지 않고 한꺼번에 차려 놓고 먹어.

밥 종류는 다양해. 쌀밥, 보리밥, 콩밥, 팥밥, 조밥, 오곡밥, 약밥, 굴밥, 무밥, 비빔밥, 볶음밥 등 무궁무진해. 지금이야 잡곡밥이 건강에 좋다고 가격도 더 비싸졌지만, 처음 잡곡밥을 먹은 건 쌀이 부족했기 때문이었어.

쌀밥을 1년 내내 먹고 살아야 하는데 가뭄이나 홍수로 흉년이라도 들어 봐. 그래서 쌀밥 대신 먹어야 할 것을 찾아야 했지. 덕분에 갖가지 잡곡밥이 탄생했단다.

쌀은 맛도 있지만 빵이나 면보다 요리법이 간단한 편이야. 우리나라는 1년에 고작 한 번만 쌀을 거두어들이지만, 베트남이라든가 태국 등 동남아 국가 대부분은 쌀을 재배하기 좋은 날씨와 토양 덕분에 3모작 또는 4모작을 지어 쌀의 생산량도 훨씬 많아. 덕분에 아시아에서는 밥이 주식 역할을 톡톡히 해 주었지.

쌀의 품종도 다양해. 동남아의 쌀 모양은 길고 가늘어. 밥을 지어 놓고 보아도 그 차이를 확실히 알 수 있는데 밥알에 찰기가 없이 부슬부슬해. 대신 채소와 고기를 잘게 다져 넣고 볶아 먹기엔 안성맞춤이야. 더운 지역의 사람들에게는 그런 열량 높은 음식이 제격이지.
 동남아 지역은 날씨가 덥고 습도가 높아서 음식의 맛과 보관에 중요한 역할을 하는 향신료가 많이 들어가는 편이야. 더위를 이기기 위한 매운 음식도 다양하고. 더운 날씨에 고추, 생강, 후추 같은 향신료가 들어간 음식을 먹으면 몸에서 땀이나 열이 밖으로 빠져나가 더위를 이기기에 그만이거든. 땀을 너무 많이 흘리면 금세 기운을 잃으니까 이를 보충하기 위해 삼계탕,

톰양쿵 태국식새우 수프, 쌀국수, 소또 아얌 인도네시아식 삼계탕 같은 각종 영양소와 단백질이 풍부한 뜨거운 국물 음식도 즐겨 먹어.

젓가락, 손가락 그리고 포크

한국, 중국, 일본, 태국, 베트남 등 아시아 사람들은 식사할 때 숟가락이나 젓가락을 능숙하게 사용해. 손을 댈 수 없을 만큼 뜨거운 음식을 먹을 때 편리하거든.

서양 사람들 특히 기독교 문화권은 고기를 썰어 먹기에 편한 포크와 나이프를 이용하지만, 아시아 사람들에게는 밥과 함께 먹는 반찬을 집기에 편한 젓가락을 이용해. 그런데 나라마다 이 젓가락을 만드는 재질과 길이가 조금씩 다르다는 거 알고 있니?

한국 사람들은 여러 가지 반찬을 집어먹기에 편리한 금속 재료의 가는 젓가락을 주로 사용하지만, 일본 사람들은 생선을 많이 먹어서 끝이 뾰족한 대나무를 주로 쓰고 있어.

중국 사람들은 대가족이 원형 식탁에 음식을 차려 놓고 집어 먹는 식사법 탓에 젓가락이 길고 굵기가 일정한 편이야. 큰 접시에 담긴 요리를 각자의 젓가락으로 덜어 먹어야 하니까.

아프리카 사람들이나 이슬람교를 믿는 사람들은 귀한 음식에 다른 것을

댈 수 없다고 생각해 직접 손으로 먹어. 하긴 우갈리를 어떻게 숟가락이나 포크로 먹을 수 있겠니?

네발 달린 것이라면 책상 빼고 다 먹는다는 중국

세계에서 인구가 가장 많은 나라 중국, 전 세계 다섯 사람 중 한 명은 중국

인일 정도로 많은 인구를 자랑하지. 땅도 넓지만 또 다양한 소수민족들이 함께 사는 나라이기도 해. 여러 민족의 문화와 다양성이 함께하는 중국 사람들의 음식은 예로부터 불로장생에 깊은 뿌리를 두고 있어. 늙지 않고 오랫동안 살려면 과연 어떤 음식들을 먹어야 할까?

'네발 달린 것이라면 책상 빼고 다 먹는다.' 중국 사람들은 제비집, 곰발바닥, 상어지느러미, 누에, 개구리 알, 뱀 등 보통 사람들이라면 상상할 수도 없는 다양한 재료로 음식을 만들었어. 사실 일반 서민들이 쉽게 먹던 음식들은 아니야. 불로장생을 바랐던 황제들과 귀족들을 위해 바쳤던 귀한 음식이었지. 워낙 넓은 땅의 나라이다 보니, 크게 베이징^{북경}요리, 광둥^{광동}요리, 상하이^{상해}요리, 쓰촨^{사천}요리로 나누는데, 지역마다 독특한 특징이 있어.

베이징요리는 말을 타던 몽골 족의 요리에 베이징의 궁중 요리가 조화를

이루고 있어. 추운 날씨 탓에 기름을 많이 쓰다 보니 열량이 높은 음식이 대부분이야. 바삭바삭하고 부드러운 음식은 딱히 짜지도 달지도 않아.

광둥은 홍콩을 포함한 주변 지역을 말하는데, 이곳 광둥요리는 음식 맛이 대부분 담백하고 한방 재료의 조합이 잘 어우러져 있어. 특히 16세기 에스파냐, 포르투갈의 선교사나 상인들의 왕래가 잦아 국제적이면서도 값비싼 음식이 많지.

이곳에서는 뱀, 쥐, 개, 원숭이 등의 요리도 비교적 쉽게 만날 수 있어. 우리 한국에도 유명한 광둥요리로는 상어지느러미와 제비집 요리, 딤섬 등이 있어. 한국의 중국 음식점에서 흔히 먹는 팔보채, 탕수육도 다 광둥요리야.

상하이요리는 재료가 아주 다양해. 따뜻한 날씨와 양쯔 강 덕분에 농작물도 풍부하고, 강에서 잡은 식재료도 넉넉한 편이야. 양쯔 강 하류에 있는 상하이는 옛날부터 서양과의 무역이 활발해서 중식과 양식이 조화를 이루고 있지. 간장이나 설탕으로 달콤하게 맛을 내는 찜이나 조림 요리가 발달했어.

이 음식들은 기름기가 많고 맛이 진한 데다 양이 아주 푸짐해. 모양보다 맛을 중요하게 여겨서 좀체 음식에 화려한 장식은 하지 않아. 우리나라 사람들에게 유명한 상하이요리로는 동파육, 피단(삭힌 오리알 요리) 등이 있어.

쓰촨요리는 중국 전통 요리가 가장 잘 보존된 형태라고 해. 청뚜(청도), 총칭(중경) 등의 도시에서 발달한 요리야. 바다가 멀고 분지인 지형 때문에 기온의 차가 심하고 습도가 높아. 때문에 향신료를 많이 사용해 자극적이고 매운맛이 특징이야.

허브, 마늘, 후추, 고추, 파 등을 흔히 사용하지만 가끔 비린내 등을 없애는 산초 우리나라에서는 주로 추어탕에 곁들여 먹음 등을 쓰기도 해.

또 쓰촨 지방은 워낙 교통이 불편한 오지였기에 소금에 절이거나 말린 음식이 많이 발달했어.

맵고 짜긴 하지만 그래도 우리나라 사람 입맛에는 쓰촨 지방 요리가 가장 잘 맞는 편이야. 마파두부 좋아하니? 바로 마파두부가 쓰촨요리의 대표 요리야.

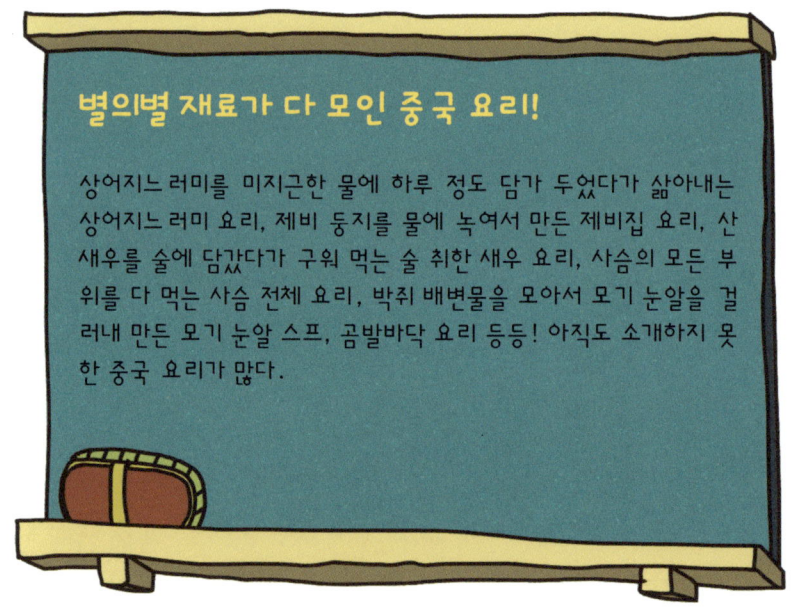

별의별 재료가 다 모인 중국 요리!

상어지느러미를 미지근한 물에 하루 정도 담가 두었다가 삶아내는 상어지느러미 요리, 제비 둥지를 물에 녹여서 만든 제비집 요리, 산새우를 술에 담갔다가 구워 먹는 술 취한 새우 요리, 사슴의 모든 부위를 다 먹는 사슴 전체 요리, 박쥐 배변물을 모아서 모기 눈알을 걸러내 만든 모기 눈알 스프, 곰발바닥 요리 등등! 아직도 소개하지 못한 중국 요리가 많다.

시장판의 거지가 개발한 베이징 통오리 구이

베이징^{북경}의 명물 통오리 구이^{베이징 덕}는 우선 남다르게 기른 오리를 기본 재료로 사용해. 알에서 깨어난 뒤 50일이 지나면 오리를 어두컴컴한 구석에 가둬 두고 강제로 먹이를 먹여. 프랑스의 푸아그라가 떠오르지 않니? 보름 정도 지나면 오리는 영양 과잉에 운동 부족으로 두 배로 살이 올라.

이 오리의 깃털과 내장을 빼고 껍질과 살 사이에 바람을 넣어 부풀려 주어야 고기가 주름이 없이 매끈하게 구워진대. 그렇게 부풀린 다음 껍질에 물엿을 발라 햇볕에 쬐고 아궁이에서 갈색이 될 때까지 구워. 참 여러 단계를 거치지? 먹을 때는 어떻게 먹느냐고?

얇은 밀전병에 먹기 좋게 썬 오리고기 껍질을 얹고 거기에 오이, 생파를 양념과 함께 싸 먹어. 껍질은 그렇게 먹고, 속살은 얇게 썰어 먹고, 뼈는 국물을 우려내 먹고, 내장은 볶아 먹어.

'베이징에 와서 만리장성을 못 보고 오리 구이를 먹지 못하면 평생 후회한다'라는 말이 있을 정도로 중국 사람들은 오리 구이를 한껏 치켜세워. 그렇게나 자랑스러워하는 이 요리도 실은 거지가 베이징이 아닌 난징에서 우연히 요리하기 시작했다는 걸 알면 중국 사람들 기가 좀 죽을까?

어느 시장판이나 이 음식, 저 음식 훔쳐 먹고 사는 거지라든가 좀도둑이 있기 마련이지. 없는 사람 먹고살기에는 도시가 낫다고, 올리버 트위스트가 보육원을 떠나 처음 찾아간 곳이 런던의 시장 뒷골목이었던 것처럼 이 어린 거지도 중국 장쑤 성의 난징(남경)이라는 도시로 스며들었어.

좀도둑질로 하루하루를 이어갔던 이 거지는 운이 좋았는지 그날은 오리 한 마리를 통째로 훔칠 수가 있었어. 품속에 오리를 꼭 껴안고 걸으며 마음이 무척 흐뭇했어. 왜 안 그렇겠어? 만날 후다닥 한 손에 쥐고 달릴 수 있는 것만 훔치다가 이렇게 양손으로 감싸 쥐어야 할 만큼 넉넉한 걸 얻었으니 아마 엄청 수지맞았다고 생각했을 거야.

'어디, 어떤 놈인지 구경 좀 할까?'

거지는 사람이 뜸한 흙바닥에 앉아 불을 피우고 오리를 살펴보았어. 그때였어.

"저놈 잡아라!"

'이런! 오랜만에 불에 구워 포식 좀 하려는데……. 젠쟁! 이번에 또 걸리면 정말 뼈도 못 추스를지 몰라. 이를 어쩐다? 증거가 떡 버티고 있으니 훔치지 않았다고 발뺌을 할 수도 없고. 에라, 모르겠다! 어차피 먹지 못하게 된 바에야 다른 사람도 먹지 못하게 해야지.'

거지는 오리 위에다 진흙을 마구 발랐어. 그러고는 피워 놓았던 근처 불 속에 아무렇게나 휙 집어던지고 마치 아무 일도 없었던 것처럼 그 자리를 피해 버렸어. 거지를 쫓아오던 사람은 허탕을 치고 말았지.

"에잇, 시간만 뺏기고 이게 뭐야! 다음번엔 기필코 이 도둑놈을 잡아야지."

도둑을 찾아 근처를 몇 번 서성이다가 마침내 막 돌아서려는 순간, 익숙한 냄새가 콧속을 파고들었어. 오리고기를 파는 사람이 오리 냄새를 모를까? 가게 주인은 코를 벌름거리며 불가로 다가갔어.

"아니, 이게 뭐야?"

웬 흙덩이에서 기름이 방울방울 나오다가 이내 흙 속으로 스며드는 거야.

주인은 긴 막대를 주워와 그 돌덩이를 꺼내 냅다 후려갈겼어. 흙더미가 쩍 벌어지더니 오리고기가 뽀얀 속살을 드러내는 게 아니겠어!

주인은 나머지 흙더미를 걷어내고 고기 한 점을 뜯어 입 안에 넣었지.

와! 이건 지금까지 먹어본 것과는 색다른 맛이었지. 껍질의 기름기가 쏙 빠지니 바삭바삭한 껍질이 게 눈 감추듯 순식간에 입 안으로 들어가는 거야.

거지는 닭 쫓던 개 신세가 되었지만, 덕분에 이 오리 구이는 난징 시내에서 곧 유명한 요리가 되었어. 그 뒤 명나라가 들어서고 수도를 베이징으로 옮기면서 이 오리 구이도 베이징으로 전해졌어. 서 태후(청나라 9대 황제의 후궁)가 특히 이 요리를 좋아한 덕에 베이징 오리(북경 오리)의 요리법이 널리 퍼졌다고 해.

곰보 아줌마네 두부 마파두부

마파두부麻婆豆腐는 원래 시장에서 파는 값싸면서도 서민들과 친한 음식이었어.

19세기 중후반 무렵, 쓰촨 성의 중심지 청두에 어렸을 때 천연두를 앓아 얼굴에 살짝 곰보 자국이 있던 여인이 살았어. 이 여인이 결혼할 나이가 되어 이웃 마을로 시집을 갔는데 사람들은 이 여인을 얄궂게도 '마파'라고 부르기 시작했어. 마파는 곰보 아줌마라는 뜻이거든.

남편은 다리 옆 가게에서 기름 장사를 했는데, 가게가 다리 길목에 자리 잡고 있는 탓에 항상 남편 친구들이 들락거렸지. 그때마다 마파는 남편 친구들에게 음식을 대접해야 했어. 그럴 땐 비교적 값싼 두부로 음식을 만들어 대접했지.

그러던 어느 날이었어. 한 친구가 공짜로 음식을 얻어먹는 주제에 만날 똑같은 음식만 먹는 것이 질리니 마파에게 좀 색다른 음식을 만들어 달라고 부탁한 거야. 그래도 양심은 있었는지 쇠고기하고 기름, 두부를 조금 가지고 왔더라고.

마음씨 고운 마파는 마침 부엌에 있던 고추와 두부, 후추, 양고기와 고추기름을 섞어 맵고 얼얼한 두부 요리를 만들어 냈어. 뜻밖에 맛이 괜찮았던 모양이야. 사람들은 아주 좋다고 하면서 그 뒤론 들를 때면 매번 그 두부 요리를 해달라고 졸랐으니까.

마파가 이 두부 요리를 본격적으로 시작한 건 남편이 사고로 세상을 뜨고 난 다음부터였어. 생계가 막막해진 마파는 남편 친구들이 즐겨 먹던 이 두부 요리를 만들어 팔았지. 값도 싸고 양도 푸짐한 마파의 두부 요리는 곧 큰 인기를 얻었어. 마파네 두부, 즉 마파두부가 입소문을 타면서 나중에는 마파두부 음식점까지 차렸어.

마파두부는 자극적이고 양념 강한 쓰촨 음식의 대표라 할 수 있어. 요리 이름 대부분은 음식의 주재료에서 비롯되는데 이렇게 마파라는 사람의 이름으로 음식의 이름이 정해진 건 건 퍽 드문 일이야.

국수는 중국이 먼저일까, 이탈리아가 먼저일까?

전 세계인의 식탁 위에서 가장 인기 있는 음식 국수. 이탈리아 사람들은 파스타, 중국과 일본 사람들은 면이라고 부르는, 밀가루 반죽을 길게 뽑아 만든 국수는 4,000년도 더 된, 역사가 아주 긴 음식이야.

마르코 폴로가 중국에서 이탈리아로 전한 것이 파스타라고 말하는 사람들도 있지만, 이탈리아의 시칠리아 섬에 그보다 더 오래전에 국수 모양의 음식 흔적이 있었다고 하는 걸 보면, 마르코 폴로가 전했다는 것도 정확한 건 아닌 것 같아.

하지만, 국수가 중국에서 유래되었다는 건 어느 정도 일리가 있어. 800년 무렵 중국의 문물을 받아들였던 유목민들이 시칠리아를 200년간 다스렸는데 그때부터 시칠리아에서 파스타가 시작되었다고 하니까.

일본 사람들은 실크 로드를 누들 로드라고도 불러. 실크 로드는 내륙 아시아를 오갔던 오래전 동서양의 길이었어. 주로 비단이 오고갔기에 비단길, 실크 로드라고들 했지. 그런데 일본 사람들은 이 실크 로드를 통해 전해진 것 중 국수의 영향이 가장 크다고 생각해. 그래서 실크 로드 대신 누들 로드라고 부른대.

중국 서쪽 신장 위구르 자치구에는 한번 들어가면 살아 나오기 어렵다는 뜻의 '타클라마칸 사막'이 있어. 여기서 발견된 2,500년 전의 어느 부족의 그릇 속에서 현존하는 가장 오래된 국수의 흔적이 발견되었다고 해.

밀이 인류의 식탁에 제일 처음 올라온 곡물이라면 국수는 우리 인류의 식탁에서 꽤 긴 역사를 자랑하면서도 전 세계 어디에서나 볼 수 있는 음식이라고 할 수 있어.

이탈리아의 파스타 종류가 다양한 것처럼 중국에도 1,200여 가지의 국수 요리가 있으니 정말 국수만큼 전 세계인의 사랑을 받는 음식은 없을 것 같아. 우리나라와 일본만 보더라도 냉면, 칼국수, 팥국수, 메밀국수, 라면, 가락국수 등 수많은 국수 요리가 있잖아.

우리나라에서는 국수가 특별한 날에 먹는 귀한 음식이기도 했어. 결혼을 재촉하며 '언제 국수 먹여 줄 거야?'라고 묻던 우리의 언어 습관을 보더라도 짐작할 수 있겠지. 또 국수에는 국수의 긴 면발처럼 오래오래 살라는 장수의 뜻이 담겨 있기도 해서 중국에서는 생일날에 장수면을 꼭 챙겨 먹는다니 국수는 이래저래 좋은 날에 먹는 귀한 음식이었어.

　국수는 보관이 편하고 빨리 요리할 수 있는 장점이 있어. 게다가 든든한 한 끼 식사로도 충분하고 현지에서 나는 고기와 채소를 곁들여 그 지역 입맛에 맞출 수 있기에 앞으로도 계속 전 세계인의 사랑을 받을 것 같아.

차를 물처럼 마시는 중국 사람들

　중식당에 가면 식사 전 뜨거운 차를 한 주전자 가득 담아 내오는데 그러면 손님들은 식사하는 내내 이 차를 작은 잔에 계속 따라 마시지.
　사실 중국 사람들은 언제 어디서나 차를 즐겨 마셔. 일본의 다도나 영국

의 티타임처럼 때를 정해 놓고 격식을 갖추어 마시는 게 아니라, 물처럼 계속 마시는 것이 바로 중국 사람들의 모습이야. 마시는 물이 워낙 안 좋았기에 항상 물을 끓여 마셔야 했던 습관 때문이야. 기름진 중국 음식이 많은데도 중국 사람들이 비교적 날씬한 건 이렇게 수시로 차를 마시기 때문이라는 이야기도 있어.

중국 사람들은 가운데가 빙빙 돌아가는 원판이 있는 식탁을 주로 사용해. 보통은 시계 방향으로 돌리는 게 예의라고 해. 밥, 면, 탕 등을 먹을 땐 고개를 숙이지 않고 그릇을 들고 먹지.

워낙 넓은 땅이다 보니 지역마다 차이가 있긴 하지만 중국의 어느 지방에서는 아무리 맛있다고 해도 접시를 싹 비워서는 안 된다고 해. 음식을 조금씩 남겨놓는 게 예의래. 배부르게 먹었다는 뜻이야. 음식물 쓰레기를 생각해서라도 이 예절은 좀 바꾸는 게 좋을 것 같아.

그곳 사람들은 손님이 트림을 해 줘야 맛있게 먹었다고 생각을 한대. 국물 요리를 먹을 때도 후루룩후루룩 소리를 내 줘야 주인이 흡족해 한다네.

숟가락은 탕을 먹을 때만 사용하고 요리나 쌀밥, 국수 등을 먹을 때는 젓가락을 주로 사용해. 탕을 다 먹고 난 다음에는 꼭 숟가락을 엎어 놓는데, 쓰고 난 숟가락을 다른 사람에게 보이지 않기 위한 거래.

해산물이 풍부한 일본 음식

우리나라와 가장 가까운 섬나라 일본의 음식은 섬세하고 정교하며 섬나라 특유의 정서가 고스란히 묻어 있지. 우리처럼 상다리가 휘어지게 음식을 차리는 것과는 달리 예쁘고도 앙증맞게 음식을 조금씩 담아내.

우리나라가 삼국 시대 이후 고려 시대까지 불교의 영향으로 육식을 금했던 것처럼 일본도 육식을 금했었지. 백제의 영향을 많이 받았던 일본은 7세기 후반부터 1,200년 동안 나라에서 고기를 먹지 못하게 했어.

우리처럼 사계절이 뚜렷한 데다 100여 개의 섬으로 이루어졌기에 북쪽에서 남쪽에 이르기까지 음식 재료가 풍부하고 아주 다양해서 육식하지 않더라도 그다지 큰 불편함은 없었어. 나라 전체가 바다로 둘러싸여 있어서 신선한 생선도 많았으니까.

육식 금지령을 내리자 사람들은 생선을 다양하게 먹을 수 있는 생선 조리법을 개발했어. 생선회^{사시미}, 생선 초밥^{스시}, 생선 구이, 탕, 조림 등 바다에서 나는 것들로 여러 가지 음식들을 만들어 냈지. 거기에 지방마다 그곳에서 나는 어패류나 채소를 맛나게 조리하는 음식 가공법을 발달시켰어.

하지만 근대화가 가까워지며 서구의 선진국과 어깨를 나란히 하려면 서양의 문명을 받아들여야 한다는 생각이 차츰 일기 시작했어. 서양 사람들을 알려면 무엇보다 그들의 문화를 알아야 한다고 생각했던 거야. 체형의 차이도 무시할 수 없는 이유였어.

　이윽고 일본 정부는 1872년 육식 금지 명령을 없애고 서양 요리를 예찬하는 캠페인을 대대적으로 벌였어. '쇠고기를 먹지 않으면 문명인이 아니다'라며 나라가 나서서 적극적으로 고기 먹기를 권장했어. 이때가 바로 메이지 시대인데, 그즈음 서양 요리가 본격적으로 들어와 상류층부터 고기를 먹기 시작했지.

　이때부터 일본인의 식생활 습관이 크게 달라졌어. 곧 서민들은 일본 요리와 서양 요리를 접목해 '양식'을 개발했어. 그것이 바로 돈가스_{돼지의 한자어와 영어의 cutlet이 합쳐진 말}, 스키야키_{쇠고기와 파 등 여러 가지 재료를 넣고 간장으로 간을 맞추어 먹는 국물 음식}, 그리고 덴푸라 여러 가지 해산물과 채소 등을 달걀과 밀가루를 섞은 튀김옷을 발라 기름에 튀겨낸 것와 같은 각종 튀김 요리야.

고기를 처음 먹는 사람은 삶아 먹는다거나 구워서 먹는 것보다는 국물이라든가 여러 가지 채소와 함께 조리하면 고기에 대한 거부감을 좀 줄일 수가 있잖아. 회를 별로 좋아하지 않는 사람들이 초장을 듬뿍 찍어 각종 채소에 싸 먹는 것과 같은 이치지.

게다가 쌀밥은 맛이 담백해서 이런 양식과 잘 어울렸어. 양식은 또 일본의 간장, 미소 된장과도 궁합이 잘 맞았어. 덕분에 일본 사람들은 일본 고유의 양념 조미술, 가쓰오부시 말린 가다랑어, 다시마, 와사비 고추냉이 등을 이용해 다양한 먹을거리를 만들어 낼 수 있었어.

덴푸라 때문에 목숨을 잃은 도쿠가와 이에야스

덴푸라가 소개된 지 얼마 지나지 않았을 땐 이 기름진 음식 때문에 목숨을 잃은 사람도 있었어. 당시 75세의 노인이었던 도쿠가와 이에야스 일본을 통일한 장수는 평소 소식하기로 유명한 사람이었어.

그런데 어느 날 우연히 도미 덴푸라를 먹었는데 그 맛이 퍽 입맛에 맞았나 봐. 기름에 튀겨 낸 음식은 그즈음 처음 선보인 새로운 음식인데 이 낯선 음식에 푹 빠진 노인은 평소의 식생활 습관과는 달리 이 덴푸라 요리를 자주 즐겼어.

그러나 과식은 금물! 어느 날 소화 불량으로 앓아누웠는데, 세상에나 그러다가 급기야 목숨을 잃고 말았어. 일본 천하를 다스렸던 도쿠가와 이에야스도 과식을 이길 수는 없었나 봐. 아마 평소와 달리 기름진 음식을 너무 많이 먹은 탓이었던 것 같아.

갑작스레 기름기 많은 음식을 먹으면 배탈이 나는 것처럼 아마 충분한 영양을 섭취하지 못했던 당시 사람들 대부분이 그러지 않았나 싶어. 지금도 일흔다섯이면 오래 살았다고 하는데, 제대로 된 병원 시설과 의료 기술도 발달하지 않았던 그 시대에 일흔다섯 살까지 살았다면 그래도 꽤 장수한 편이지.

개고기에 대한 진실

아시아에는 개고기를 식용으로 즐기는 몇몇 지역이 있어. 베트남 북부라든가 중국, 대만, 한국 일부 지역에서는 오래전부터 개고기를 식용으로 사용해 왔어. 그런데 이런 우리의 일부 식생활 습관 때문에 한때 프랑스의 여배우 브리지트 바르도는 우리나라 사람을 야만인이라며 무역 제재 조치를 취해야 한다며 막말을 했던 일이 있어.

프랑스 사람들이 거위 간 요리 푸아그라를 최고급 요리로 여기는 것과 비교해 보면 좀 웃기는 일인 것 같아.

왜 어떤 집단에서는 즐겨 먹는 것을, 왜 어떤 집단에서는 먹지 않는 걸까? 사람들은 나름대로의 가치관과 종교적인 신념에 따라 음식을 골라 먹는다고 생각해. 그런데 정말 그럴까?

세계 4대 종교인 이슬람교, 힌두교, 기독교, 불교는 많은 사람의 식생활 습관에도 커다란 영향을 미쳤어. 종교적으로 금하는 음식들이 있는데, 종교적으로 금한다고는 하지만 그 근본에는 현지 생활에서 금할 수밖에 없는 이유가 있었어. 특정한 지역의 특정 집단이 무엇을 먹고 무엇을 안 먹는가는 신이 가르쳐 주어서가 아니라, 곰곰 생각해 보면 다 그럴 만한 자연적 조건이 있었다는 거야.

예를 들면, 인도인들은 소를 아주 귀하게 여겨서 신처럼 떠받들기도 해. 덕분에 소가 엄청 남아돌아서, 거리를 더럽히고 교통 체증까지 유발하고 있어. 그런데도 도대체 왜 이 소를 잡아먹지 않는 것일까?

힌두교의 생활 방식에는 엄격한 신분제도 카스트가 자리 잡고 있는데 그중 가장 높은 브라만 계급은 우주의 모든 생물에는 신이 있기에 작은 생물이라도 절대 죽여서는 안 된다는 믿음이 강해.

그러나 힌두교 초기의 브라만 계급이 해야 할 중요한 의무는 소를 보호하는 것이 아니라 소를 도살하는 것이었어. 인도의 인구가 늘어나면서 소의 소비량도 급격히 늘어났지. 농번기에 이용할 소마저 잡아먹을 상황이 되자, '아! 이러면 안 되겠다. 소를 보호해야겠다'는 생각을 하게 되었어.

사실, 소를 기르려면 풀밭이 굉장히 많이 필요해. 소를 키워 먹겠다고 이런 풀밭을 늘려 쇠고기의 양을 늘리느니, 인도 사람들은 차라리 소의 젖만 먹기로 작정했어.

또 소똥은 훌륭한 연료 역할을 해. 티베트에서 야크 똥을 말려 연료로 쓰는 것처럼, 힌두교도들도 소똥을 말려 연료로 쓰고 있어. 그뿐만이 아니야. 소똥을 물에 섞어 청소하는 데 사용하면 해충과 세균도 막아주는 효과가 있어.

이런 사실을 잘 알았던 마하트마 간디는 이런 말을 하며 소를 신성시하는 걸 지지했던 거야.

"왜 암소가 신성시되었는지 저는 분명히 알고 있습니다. 암소는 인도에서 가장 귀중한 동반자입니다. 소는 우유를 줄 뿐만 아니라 농사일에도 도움이 됩니다."

브라만 계급은 솔선수범하여 고기를 먹지 않고, 신의 뜻이라며 소의 식용을 금지했어. 이렇게 쇠고기 먹는 것을 금지하자, 먹을 것이 귀하던 건기나 가뭄 때 송아지를 잡아먹으려는 유혹을 억제하는 효과가 있었지.

요즈음 인도에 가면 소들이 길거리를 마구 돌아다니는 걸 쉽게 볼 수 있어. 자동차들도 소가 지나가면 가던 길을 멈추고 소가 다 지나가도록 기다려 주어야 해. 그래도 소가 길거리에서 먹을 것을 찾아 먹으며 음식쓰레기를 줄이는 역할도 하기에 인도인들은 불평하는 이가 별로 없어.

이번엔 돼지고기를 얘기해 볼게. 무슬림 이슬람교를 믿는 사람, 모슬렘이라고도 함과 유대교를 믿는 사람은 돼지고기를 먹지 않아.

진흙에서 뒹구는 돼지가 더러워 보여서 먹을 맛이 안 난다고 하는 사람

도 있지만 사실 돼지는 땀을 흘리지 않아서 몸이 더워지면 진흙을 이용해 체온을 낮추어야 해.

그런데 이슬람교도가 주로 사는 사막 지역에는 물이 귀하잖아. 가뜩이나 사람이 먹을 음식도 부족한데 사람과 똑같은 식성의 돼지에게 줄 음식이라든가 물이 어디 있었겠니?

또 돼지고기는 다른 고기보다 쉽게 상하기도 하니 차라리 돼지고기를 안 먹는 게 훨씬 효과적이란 결론을 내렸던 거지.

사막에서 잘 자라는 양, 낙타는 유목민들에게 유용했지만, 높은 기온의 건조한 날씨에서 돼지는 별로 유용하지 않았어.

하지만, 우리나라는 어떨까? 우리나라는 정말 오랜 옛날부터 돼지고기를 먹어 왔어. 돼지를 길러 먹기 전에도 멧돼지를 사냥해서 먹었을 정도였어. 우리나라 산에는 멧돼지들이 즐겨 먹는 도토리가 아주 많았거든.

돼지는 새끼를 많이 낳아서 오래전부터 복을 가져다주는 동물로 여겼어. 그래서 돼지꿈을 꾸면 아주 좋은 일이 생길 것이라고 생각들을 하잖아. 고사를 지낼 때도 잘생긴 돼지머리를 상 한가운데 떡하니 올려놓기도 하고 말이야.

문화란, 이렇게 좋든 싫든 나름대로 그럴 만한 이유가 있어서 생겨나는 법이거든.

개고기를 먹는 식생활 습관은 동아시아 사람들에게는 그다지 생소한 것이 아니었어. 개고기 식용의 역사는 무척 오래되어 이미 신석기 시대부터 우리 조상들이 개고기를 먹어 왔다는 기록이 있어.

삼국 시대에 개를 가축처럼 길렀다는 자료도 있고, 조선 시대에는 개를 사냥했다는 자료도 있어. 정약용도 개를 사냥하는 방법을 자신의 문헌에 남기기도 했고.

물론 애완동물인 개와 예전에 식용으로 먹었던 개를 지금의 눈높이로 생각해선 안 될 거야. 요즘은 핵가족화로 애완견을 키우는 집이 많지만, 예전에 대가족이 함께 농사를 짓던 시절엔 그런 애완견의 개념이 희박했어. 하지만 그 시절에도 기르는 개犬와 먹는 개狗는 구분했지.

한국 사람들에게 개고기는 허약한 사람들에게 보약과 같은 역할을 하기도 했어. 우리나라의 날씨는 7, 8월이 가장 더워. 더위 때문에 농사일도 힘들고 전염병도 흔했어. 채식 위주의 식단에서 최소한의 단백질 섭취로 고비를 넘기려는 한 가지 방법이 바로 복날 먹는 보양식이었어.

개고기는 삶으면 소화가 잘되는 음식으로 복날에 열흘 간격으로 먹으면 더위를 물리칠 수 있다고 해. 그래서 지금도 초복, 중복, 말복이면 보신탕을 찾는 사람들이 있지.

인류학자 '마빈 해리스'는 이렇게 말했어. "인간이 먹을 수 없는 것은 없다. 인간은 돌멩이에서부터 곰팡이까지 모든 것을 소화할 수가 있다. 그러니 우리가 먹지 않는 것들은 그것을 혐오하기에 안 먹는 것이 아니라 먹지 않기에 혐오하는 것이다"라고. 그러니 내가 먹지 않는다고 다른 사람의 음식에 대한 편견을 가질 필요는 없어. 다만 음식이 되는 과정에서 윤리적인 문제는 없는지, 환경 파괴를 초래하는지는 꼭 따져 봐야 하겠지!

한 달 동안의 금식, 라마단

이슬람교를 믿는 무슬림 그러니까 이슬람교도들은 이슬람 달력의 9월을 신성한 달이라고 여기는데 이때는 모든 무슬림이 의무적으로 금식을 해. 금식은 사막에 살던 때, 음식이 귀하던 시절 금식을 통해 주린 고통을 느끼며 자신을 단련하는 훈련에서 비롯된 관습이야.

이 관습은 지금까지 이어져 이슬람 달력으로 9월이 되면 이슬람교도라면 누구나 한 달 동안 금식을 하지. 한 달 동안 배를 쫄쫄 굶고 어떻게 사느냐고? 걱정하지 마. 해가 떠 있는 낮에만 금식하고 해가 지면 다시 먹을 수 있으니까.

사막에 살던 시절에는 규칙적인 시간에 밥을 먹을 수가 없었어. 금식 훈련을 하며 날마다 먹는 음식에 대한 고마움을 되새겼던 거야.

라마단이 있는 달은 신을 경배하는 달이면서 불쌍한 사람들에게 자선을 베푸는 달이기도 해. 사막에서의 힘든 시간을 생각하고, 음식을 먹지 않는 동안 배고픈 이웃들도 생각하지. 라마단 기간에는 거지들이 길가에 많이 보여. 이때는 구걸하러 온 이를 절대 내쳐서는 안 되거든.

이슬람 교도들은 배가 부르면 돼지나 다를 바 없다고 생각해. 배가 비었을 때 정신이 맑아지고 마음이 가장 순수해진다고 여기거든. 대신 라마단이 끝나면 사흘 동안 잔치를 해. 우리나라 설빔처럼 새 옷을 입고 친척집에 찾아가서 서로 맛있는 음식을 나누어 먹지.

전쟁터에서 시작된 케밥

아시아의 서쪽 끝에 자리 잡은 터키는 아시아와 유럽 두 대륙에 걸쳐 있어. 때문에 동양과 서양을 잇는 다리라고도 부르지. 음식에도 동양과 서양의 문화가 조화롭게 어울려 있어. 덕분에 메뉴도 다양하고 음식 재료도 풍부해 '세계 3대 음식 국가'라는 별명을 얻기도 했어.

일반적으로 중국, 프랑스, 터키 음식을 세계 3대 음식으로 부르지만 요사이는 이탈리아, 태국 음식 등의 대중화로 딱히 3대 음식을 꼽지는 않아.

세계적으로 유명한 음식에는 터키에서 유래된 것들이 많아. 피자뿐만 아니라 유목민의 후손이기에 요거트와 치즈도 터키에서 시작됐어. 오랜 유목 생활을 하다 보면 상할 염려 없이 오랫동안 저장할 수 있으면서 먹기도 편하고 가지고 다니기에도 편한 영양가 높은 음식들이 요긴했거든.

언제 처음 요거트가 시작되었는지 정확한 기록은 없지만 기원전 2000년 무렵 유목민들이 가축의 젖을 짜서 가죽 주머니에 넣고 다니다가 자연스레 발효된 것을 보고 이것이 잘 썩지도 않고 오랫동안 보존된다는 것을 깨달았다고 추측하고 있어.

우리나라 사람들이 '요구르트' 또는 '야쿠르트'라고 부르는 요거트는 그 말 자체가 순수한 터키 어로 본고장 터키에서는 이 요거트를 샐러드나 수프 등 다양한 요리에 이용해. 터키 전통 음료 아이란은 이 요거트에 물, 소금을 섞어 짭조름한 맛을 낸 거야. 아이란은 갈증을 없애 주고 밤에 잠을 잘 자도록 도와준다고 알려져서 터키 사람들이 더운 여름밤에 자주 찾는 음료지.

요거트는 그리스, 인도, 불가리아는 물론 아시아를 비롯한 전 세계로 퍼져 나갔어. 인도인들은 이 요거트를 자기 식으로 발전시킨 라씨를 음료수로 즐겨 마시지.

터키 사람들 대부분은 이슬람교도야. 그래서 식생활 습관도 자연스레 이슬람교의 교리를 따르고 있어서 케밥에 다른 고기는 다 이용해도 돼지고기는 절대 사용하지 않지.

케밥은 터키의 병사들이 한때 그리스 영토였던 아나톨리아 지방을 공격할 때 밤에 고기를 구워 먹으면서 유래된 전투 식량이었어.

굵은 막대기에 쇠고기나 양고기 혹은 닭고기를 통째로 꽂아 불에 돌려가며 구운 다음에 익은 부분만을 칼로 떼어내 여러 가지 채소와 함께 먹는 음식이지. 처음에는 고기를 구울 때 군인들의 칼을 사용했지만 나중에는 칼 대신 꼬챙이나 쇠막대기를 사용했어. 전쟁터에서는 이 케밥이 꽤 간편했어. 고기를 통째로 구워먹으려면 시간이 꽤 걸리지. 익은 겉 부분만 얇게 오려내어 먹으면 시간이 훨씬 덜 걸리잖아.

전쟁터에서 시작된 케밥 요리가 호화로운 음식이 된 건 오스만 제국이 아나톨리아 지방에 정착하면서부터야. 왕의 밥상에 똑같은 요리를 올려서는 안 된다는 규칙에 따라 요리사는 매번 다른 재료와 조리법을 개발해야 했거든. 아마 이 왕은 입맛이 꽤 까다로웠나 봐.

오늘날 세계적으로 유명해진 케밥의 종류에는 숯불 회전구이 도네르 케밥, 진흙 통구이 쿠유 케밥, 꼬치구이 쉬쉬 케밥 등이 있어.

채식주의 나라 인도

인도는 전 세계에서 중국 다음으로 인구가 많은 나라야. 북부 지방은 이슬람교의 영향을, 남부 지방은 힌두교의 영향을 받았어. 때문에 남부 인도인들의 80퍼센트는 채식주의자야. 우리나라와 달리 쇠고기는 인도에서 가장 낮은 신분의 사람들인 불가촉천민들만 먹어. 그래서 무엇을 먹는가를 보며 그 사람의 신분을 어느 정도 추측하기도 한대.

　인도 사람들에게 채식이 하나의 신분의 상징이었다면, 요즈음은 채식이 건강과 자신의 생각을 드러내는 방법이 되었어. 자신의 건강을 위해서, 또

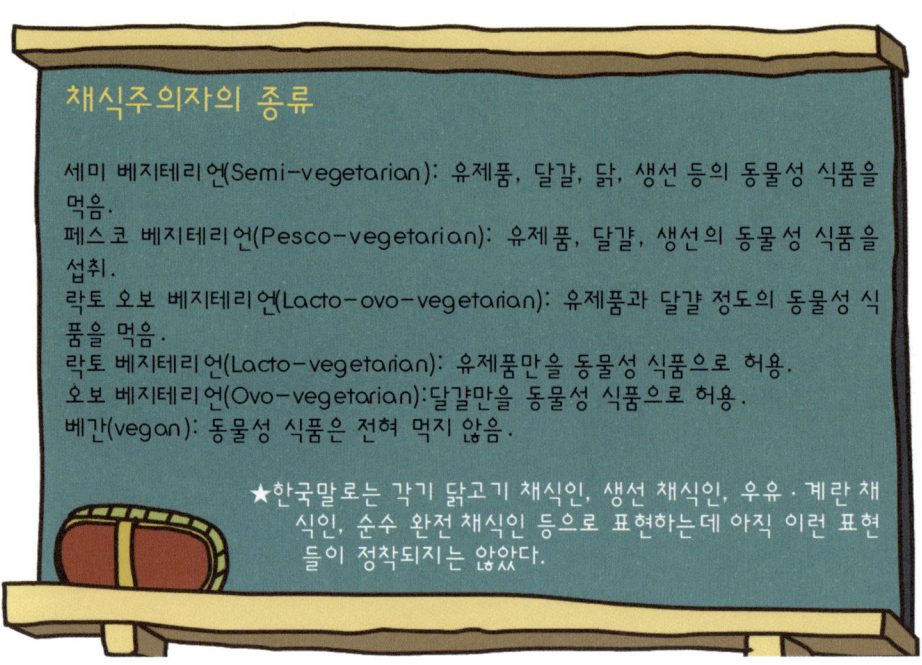

는 동물의 살육에 반대해서 스스로 채식을 하는 사람들이 있거든. 참, 채식주의자라고 해서 무조건 고기만 안 먹는 건 아니야. 채식주의에도 종류가 다양해.

남부 인도 사람 중엔 채식주의자가 많지만 이슬람교도가 많은 북부 지역에서는 돼지고기를 뺀 닭, 염소, 양 등의 고기를 먹는 게 일반적이야.

소스에 절인 고기를 땅에 반쯤 묻는 탄두리 오븐이나 숯을 넣은 화로에서 훈제 가열하면 속까지 향신료가 깊이 스며들지. 화덕 바닥에 장작불을 피워 달군 다음 그 안에 음식을 넣어 구워. 화덕에 넣어 굽는 닭은 보통 요거트와 여러 가지 향신료에 재웠다가 쇠꼬챙이에 꿰어서 굽는데 향신료가 고기 속까지 스며들어야 제맛이야.

17세기 후반 유럽 사람들이 인도에 찾아들며 고추, 토마토, 감자, 옥수수, 커피, 차를 들여와 인도 토착민의 생활에도 영향을 미쳤어. 또 더운 날씨 탓에 각종 향신료를 많이 사용해서 인도의 음식 맛은 아주 자극적이야. 주식에서 간식까지 각종 향신료가 들어가는데 특히 방부 효과가 있는 마늘, 타마린드, 터메릭 심황 같은 향신료의 매콤한 채소 커리를 즐겨 먹어. 인도 음식이 대부분 노란 색을 띠는 것은 바로 이 터메릭 때문이야.

요리할 땐 요거트, 크림과 견과류를 많이 사용하고, 향신료를 넣어 걸쭉하게 끓이거나 강한 불에 소스를 넣어 얼른 볶아 내. 채소와 고기에 향신료를 넣고 걸쭉하게 끓인 음식을 인도에서는 모두 커리라고 해. 지금 한국 사람들이 즐겨 먹는 카레 요리는 인도를 다스렸던 영국 사람들이 영국으로 돌아가 자기들 입맛에 맞게 바꾼 거야.

인도의 향신료는 100가지가 넘는데 일반 가정에서는 평상시에 10~15 종류를 흔히 사용해. 음식을 만들 때마다 여러 가지 향신료를 고루 섞어 사용하지. 한국 사람들이 카레라고 부르는 것도 커리가 많이 들어간 혼합 향신료 masala 마살라의 일종이야.

인도에서 커리를 만들 때는 고기와 채소 중에 한 가지만을 사용해. 커리는 밥에 얹어 먹거나 차파티, 난과 함께 먹어.

둘 다 밀가루로 만든 빵인데, 난은 발효시켜 쫄깃쫄깃하고, 차파티는 밀가루에 소금만 넣어 반죽해 돌판이나 철판에 구운 것이라 찰기가 없어 꼭 밍밍한 맛의 과자 같아. 첫맛은 별맛 없는 것 같지만 먹다 보면 고소한 맛이

나거든. 발효시킨 빵은 쉽게 부패하기에 더운 지역에서는 발효시키지 않은 차파티를 즐겨 먹어.

신분과 계급에 따라 먹는 음식이 달리 있다고?

인도에서 채식은 신분의 상징이란 말 기억하니? 쇠고기는 가장 하층 신분인 불가촉천민들만 먹기에 채식을 한다는 건 높은 신분을 드러내는 뜻이기도 해. 지금이야 돈만 있으면 내 맘대로 먹고 싶은 음식을 사먹을 수도, 해 먹을 수도 있지만 옛날에는 천한 신분의 사람들이 먹어서는 안 되는 음식이 있었어.

프랑스 혁명이 일어나기 전인 1775년에는 파리에 살던 28살의 구두 수선공이 하얀 바게트 빵을 먹었다는 이유로 체포되기도 했어. 프랑스 농부들의 빵은 자를 때 도끼를 사용해야 했을 정도래. 왜냐고? 농부들은 돼지와 다를 바 없는 열등한 인간이기에 딱딱한 빵을 먹어야 열심히 일할 수 있다는 것이 당시 귀족들의 생각이었거든.

그건 이탈리아도 마찬가지였어. 이탈리아 농부도 딱딱하고 시커먼 빵만 먹을 수 있었지. 귀족과 시민 계층만이 희고 부드러운 빵을 차지할 수 있었어.

일본의 덴푸라도 1770년부터 일본 서민층도 즐길 수 있는 음식이 되었어. 그전까지 덴푸라는 비싼 기름 탓에 상류층만 먹을 수 있는 고급 요리였

는데 이 무렵부터 유채 기름이라든가 다른 동물성 기름 등을 이용하면서 거리에서도 생선, 가재, 채소 등의 덴푸라를 구경할 수 있지. 덕분에 서민층도 쉽게 먹을 수 있는 음식이 되었던 거야.

가장 오래된 천연 양념 소금

이 세상에서 가장 오래된 천연 양념 소금. 인간이 정착 생활을 하고 식물을

재배하면서 꼭 필요해진 소금. 음식에 소금을 뿌려 두면 음식이 더디 상해 오래 두고 먹을 수 있을 뿐만 아니라 방부제의 역할도 해서 이집트와 프랑스에서는 시체에 소금을 뿌려 두기도 했어.

소금은 어디에서 날까? 우리가 먹는 소금 대부분은 바다에서 난 것들이야.

그런데 바다 말고 돌이나 바위에서도 소금이 나는데 그걸 암염이라고 해.

아주 오랜 옛날 바다하고 땅이 움직일 때, 그러니까 지각 변동을 일으킬 때 바다가 땅 사이로 들어와 호수가 되었어. 시간이 흐르자 호수에 있던 물은 증발되어 날아가고 땅 위에 소금만 남았지. 그 뒤 흙과 모래, 바위 등이 이 땅을 덮어서 소금이 땅에 묻힌 거야. 에티오피아, 이란, 오스트리아에서는 이런 암염이 생산되고 있어.

옛날에는 소금이 지금과 달리 아주 귀해서 한때 화폐로 사용되기도 했어. 소금으로 노예를 사기도, 또 월급을 소금으로 주기도 했어. 샐러리맨의 샐러리 월급라는 말은 바로 샐라디움 소금을가리키는말에서 유래했지.

오스트리아의 잘츠부르크는 소금의 도시라는 뜻이야. 옛날 소금을 실어 나르고 소금을 팔고 사며 발전했던 도시였거든. 지금은 곳곳에 흔해 싼 값에 먹을 수 있지만 소금은 이렇게 인간에게 퍽 귀한 음식이었어.

간디의 소금 행진

20세기 초 인도가 영국의 식민지였을 때 모한디스 카람찬드 간디는 인도의 독립 의지를 널리 알리기 위해 소금 행진을 제안했어. 당시 영국은 인도에서 소금 만드는 것을 금지했거든. 대신 영국의 리버풀에서 나는 소금을 아주 비싼 값에 사 먹으라고 했어. 그래서 소금을 생산하는 지역에 있던 사

람들은 직업을 잃어 먹고살 길이 막막해졌을 뿐만 아니라 음식의 기본 양념인 소금 값도 인도에서 턱없이 비쌌어.

1930년 3월 12일 간디는 아라비아 해변의 단디라는 곳으로 행진하며 소금을 생산하겠다고 발표했어. 이 행진에 수천 명의 인도인이 참가했고, 물론 세계 각지의 기자들도 취재를 하러 왔지. 해변을 행진하며 소금을 주웠던 이 사건은 인도의 독립 운동을 세상에 널리 알리는 중요한 계기가 되었어.

중국과 인도의 영향을 받은 태국 음식

외세의 침략을 한 번도 받지 않았던 태국은 날씨도 따뜻하지, 해산물도 풍부하지, 그래서인지 식량난을 겪어 본 적이 없대.

종교는 불교라서 동물은 식용이 아니라 농사일이나 운송용으로 주로 사용해. 음식은 이웃 나라 중국과 인도의 영향을 각기 받았지. 중국에서는 젓가락 사용법을, 인도에서는 각종 향신료와 커리, 칠리 고추를 받아들였어.

태국은 해산물과 열대과실이 풍부해서 아시아 사람들은 물론 유럽 사람들도 즐겨 찾는 인기 관광국이기도 해.

태국 음식을 한마디로 정의하자면 '맛의 다양한 조화'라고 할 수 있어. 매운맛, 짠맛, 신맛, 단맛이 다양하게 어우러진 게 특징이지. 다양한 음식 재료와 조리 방법 등도 한데 어우러져 있어 식도락가 여러 가지 음식을 두루 맛보는 것을 즐거움으로 삼는 사람들이 퍽 좋아하는 음식이야. 값싸고 다양한 먹을거리 덕분에 태국은 길거리 간식도 천국이야.

우리나라에서도 흔히 즐길 수 있는 태국 음식을 좀 공부해 볼까?

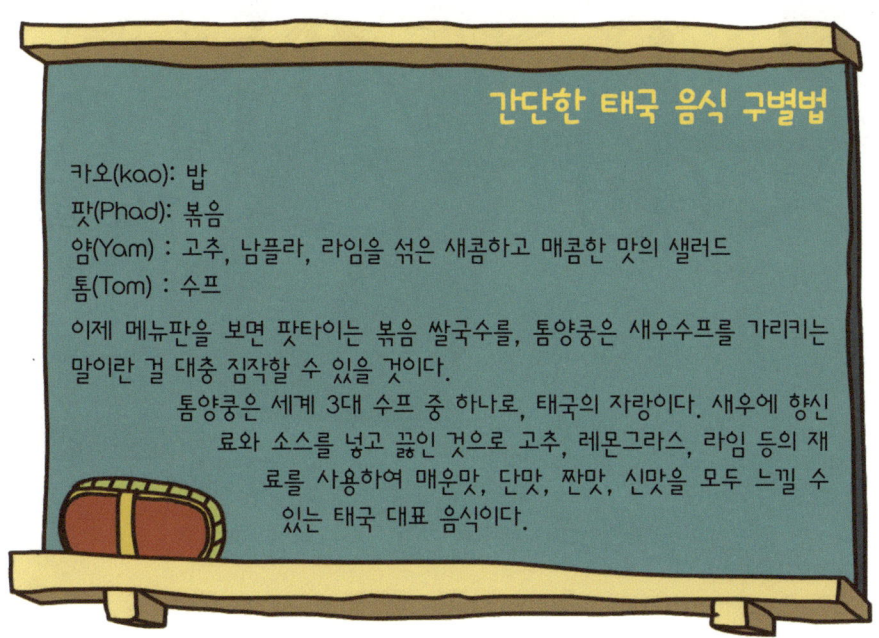

간단한 태국 음식 구별법

카오(kao): 밥
팟(Phad): 볶음
얌(Yam) : 고추, 남플라, 라임을 섞은 새콤하고 매콤한 맛의 샐러드
톰(Tom) : 수프

이제 메뉴판을 보면 팟타이는 볶음 쌀국수를, 톰양쿵은 새우수프를 가리키는 말이란 걸 대충 짐작할 수 있을 것이다.

톰양쿵은 세계 3대 수프 중 하나로, 태국의 자랑이다. 새우에 향신료와 소스를 넣고 끓인 것으로 고추, 레몬그라스, 라임 등의 재료를 사용하여 매운맛, 단맛, 짠맛, 신맛을 모두 느낄 수 있는 태국 대표 음식이다.

베트남 쌀국수 포

프랑스 사람들이 인도차이나를 지배하던 시절이었어. 베트남의 도시 하노이에서는 길거리 노점상들이 흙으로 만든 화덕 위에 커다란 냄비를 놓고 국수를 삶고

있었어. 사람이 끄는 수레 인력거를 타고 시장 거리를 지나던 예쁘장한 프랑스 아이가 창밖으로 손가락을 내밀어 무언가를 가리키며 함께 타고 있던 베트남 유모에게 물었지.

"저게 뭐야?"

유모는 고개를 길게 빼고 내다보았지만 늙고 침침한 자기 눈에는 그저 평범한 시장 거리였을 뿐이지. 그다지 눈에 띄는 게 없었어.

답답한 아이는 다시 닦달하듯, '포(Pho)'라고 외쳤어. 그건 프랑스 말로 불이라는 뜻이야. 유모는 그 말을 알아들을 리가 없었지. 유모는 그저 손가락이 향하는 곳만 멀뚱멀뚱 바라다 보았어. 그러다가 뭔가 떠오르는 게 있어서 손가락 두 개를 세워 입 쪽으로 가져가며 먹는 시늉을 했어. 그러자 순식간에 아이의 얼굴이 환해졌어. 집으로 돌아온 유모는 거리에서 화덕 위에 삶아 팔고 있던 베트남 쌀국수를 아이에게 만들어 주었지.

'포'라는 단어의 어원은 확실하지 않지만 분명히 오래된 베트남어가 아니라 불을 의미하는 프랑스어 '포 feu'가 베트남식으로 변해서 생긴 낱말일 것이라고 추측하고 있어.

우리나라는 1년에 딱 한 번 벼농사를 짓는데 베트남은 날씨가 좋아 1년에 세 번 또는 네 번 농사를 지을 수가 있어. 그래서 쌀의 생산량이 비교적 풍부했어. 대신 같은 땅에 자주 쌀농사를 짓다 보니 쌀 품종이 우리 한국의 것과 달리 찰기가 적은 편이야. 찰기가 있는 쌀은 주로 가난한 사람들이 찾는다고 해. 찰기가 많은 밥은 소화가 더디다 보니 배부른 느낌이 좀 오래가거든.

베트남 사람들이 밥보다는 쌀국수를 즐겼던 건 더운 날씨 속에 국수의 보관이 쉬웠기 때문이었어. 국수를 만들어 잘 건조해 두면 언제 어디서든 쉽게 한 끼 식사를 해결할 수 있으니까. 또 찰기 없는 쌀은 밥보다는 국수에 더 알맞았지.

쌀국수는 원래 북부의 하노이에서 많이 먹던 음식이지만 지금은 베트남 어디서든 쉽게 맛 볼 수 있어. 지방마다 약간의 차이가 있긴 하지만 아침, 점심, 저녁에 관계없이 먹을 수 있는 음식으로 라임, 고추, 숙주 등의 향신채와 곁들여 나오는데, 여기에 고추 소스를 적당히 넣어서 먹어. 쌀국수 '포'

에 이렇게 향이 강한 채소, 향신채를 곁들이는 건 해충을 막기 위한 거야. 베트남은 아열대 기후라 해충이 많아. 그런데 이렇게 향신채를 사용하면 벌레가 좀 덜 달라붙거든.

　오래전부터 중국의 영향을 받았던 베트남은 젓가락과 국수의 문화가 있었어. 쌀 생산량이 밀보다 높다 보니 자연스레 쌀국수를 먹었지.

　외세의 침략이 잦았던 베트남은 처음엔 중국의 지배를, 그러다가 프랑스의 지배를 받았지. 프랑스 사람들이 인도차이나를 식민지로 만들면서 쌀국수에 쇠고기 국물을 사용하기 시작했어. 그 전에는 중국 사람들처럼 닭고기 국물을 주로 먹었거든.

세계 최고의 커피는 인도네시아의 원숭이 똥?

아시아에서도 커피가 난다는 거 알고 있니? 아시아의 최대 커피 생산국 인도네시아에서는 세계에서 최고로 비싼 커피를 생산하고 있어. 영화 〈죽기 전에 꼭 하고 싶은 것들〉을 보면, 주인공 갑부 할아버지가 특히 좋아하는 커피가 있었어. 바로 코피 루왁! 이 커피는 세상에서 가장 값비싼 커피로 갑부 할아버지하고는 꽤 어울리는 커피 같았지. 함께 병실을 쓰던 흑인 할아버지가 코피 루왁을 어떻게 만드는지 설명해 주자 이 갑부 할아버지는 배꼽을 잡고 웃었어. 왜 그랬는지 들어 볼래?

　인도네시아 야생에서 자라는 사향고양이가 커피 열매를 먹는데, 참 고양이이긴 한데 생긴 건 원숭이와 많이 비슷하게 생겼어. 이 고양이가 커피 열매를 먹고 나서 똥을 싼 것, 그것이 바로 코피 루왁이야. 우웩! 더럽다고?
　잘 익은 커피 열매를 먹으면 과육은 소화되고 커피콩만 배설물로 나와. 고양이의 뱃속에서 적당한 습도와 온도로 숙성을 거친 이 커피 콩알만 거둔 것이 바로 코피 루왁인데 전 세계를 통틀어 1년에 500킬로그램밖에 생산되

157

지 않아. 맛이 특이하고 또 워낙 귀하다 보니 이 커피 한 잔 값이 무려 5만 원이나 해.

아시아 사람들의 식사 예절

한국 사람들은 서양식 식탁 예절은 혹시라도 틀릴까 걱정하고 또 틀리면 엄청 창피해 하면서도 같은 아시아 사람들의 식탁 예절에는 그다지 신경을 쓰지 않는 것 같아.

서양식 식사는 처음부터 각자의 접시에 자기 음식을 따로 받아먹는 개인적인 식사이기에 사실 다른 사람에게 크게 피해를 줄 일도, 크게 실수할 일도 그다지 많지 않아. 포크와 숟가락이 여러 개 놓여서 걱정스럽다고? 연회장과 같은 파티가 아니라면 일반 사람들은 그리 많은 물 잔과 포크, 나이프를 사용할 일은 드물어.

그런 자리라 하더라도 포크와 나이프는 바깥쪽의 것부터, 물 컵은 오른쪽 것을 사용한다는 것만 기억하면 돼. 그걸 틀렸다고 해서 창피해 할 필요는 없어. 그저 자기 편한 대로 사용해도 괜찮아. 내가 나이프와 포크를 잘못 사용했다고 다른 사람에게 피해를 주는 건 아니잖아.

하지만 공동의 음식을 함께 나누어 먹는 경우가 많은 아시아 식탁은, 자칫 남에게 피해를 주는 실례를 범하기가 쉬워.

일본 사람들에게는 식사 중에 손으로 머리를 만지거나 한 입 베어 물어 잇자국이 난 음식을 접시에 올리는 건 함께 식사하는 사람에 대한 결례야. 식탁에 놓인 음식은 함께 공유하는 것이기에 불결하게 여길 수도 있으니까.

인도인들은 식사할 때 반드시 오른손을 사용해. 음식을 먹을 때도 오른손을 써. 왼손은 화장실용이거든. 화장지 대신 물을 이용해 씻어 내는데 그때 왼손을 쓰기 때문이지.

인도에서는 음식을 먹기 전엔 반드시 물로 손을 씻어야 해. 숟가락을 쓰지 않고 직접 손으로 식탁 가운데 있는 음식을 집어먹기 때문이지. 하지만, 뜨거운 음식은 나무 숟가락을 쓰기도 해.

베트남에서는 여러 사람이 같이 먹을 수 있도록 큰 그릇에 음식을 담아 식탁 위에 놓고 나누어 먹는데, 일본 사람처럼 작은 공기에 담아 입가에 바짝 대고 젓가락으로 먹어. 함께 먹는 음식을 덜 때는 젓가락을 뒤집어서 사용해. 그래야 내 입에 닿았던 부분이 여러 사람이 함께 먹는 음식에 닿지 않으니까.

이 밖에도 알아두면 좋은 예절 몇 가지가 더 있어. 터키 사람들은 음식에 코를 대고 냄새를 맡는다거나 뜨거운 음식을 식히려 후하고 입으로 부는 걸 예의 없다고 생각해.

한국 사람들은 좀체 밥그릇과 국그릇을 들지 않아. 일본 사람이나 중국 사람들은 그릇을 손에 쥐고 먹어서 웬만해서는 고개를 숙일 일이 없어. 한국 사람들이 그릇을 손에 들지 않고 먹는 것은 예로부터 금속 그릇을 써 왔기 때문이야. 금속은 쉬 뜨거워져서 오랫동안 들고 있을 수가 없거든.

또 한국 사람은 숟가락과 젓가락을 한꺼번에 쥐지 않아. 음식을 먹을 때는 소리 내지 않고 수저가 그릇에 부딪치는 소리가 나지 않도록 해. 식사 시간은 상스럽지 않고 조용해야 된다고 여겼거든. 지금은 좀 덜하지만 식사 중엔 거의 얘기를 하지 않았어.

참, 독일에서는 음식을 준비한 사람이 자리에 앉아야 식사를 시작하지만, 우리나라는 가장 나이 많은 어른이 수저를 들어야만 식사를 하는 관습이 남아 있어.

채소를 먹지 않는 몽골 사람들

몽골 사람들은 채소를 먹지 않아. 말을 타고 이동하는 게 습관이 된 사람들이기에 한곳에 정착해 농작물을 재배한다는 건 상상할 수도 없었거든. 채소는 짐승이나 가축이 먹는 것으로 생각하는 경향이 있어.

지금은 고기가 퍽 익숙해서 여러 가지 우리 음식에 고루 들어가지만 사실 우리나라도 1,000년 이상 고기를 먹지 않던 때가 있었어. 불교를 믿던 고려 시대가 끝난 뒤, 조선 시대로 접어들며 몽골의 영향을 받으며 서서히 고기를 먹었지.

어찌나 고기에 익숙하지 았는지 고려 시대에 송나라의 사신 서긍이 찾아왔을 때 웃지 못할 일이 벌어졌다고 해.

예나 지금이나 손님이 오면 후하게 대접하는 것이 도리였어. 손님을 맞을 부엌은 이리저리 오가는 하인들로 어수선하기 짝이 없었어.
"어서, 어서 물을 넉넉하게 끓이게나. 나물도 삶아야 하고, 국도 끓여야 하니."
부엌일을 책임지는 신하는 이곳저곳 부엌일을 챙기며 하인들에게 일을 시켰어.
그때, 여러 가지 자질구레한 잔심부름을 하는 아이가 부리나케 부엌으로 달려들어 왔어.
"송나라 사신들이 고구려 때부터 전해오는 '맥적'이라는 음식을 맛보고 싶답니다."
"아니, 맥적이라고?"

신하는 길게 난 수염을 쓰다듬었어. 오래전 '맥적'이라는 이름을 한 번 들어본 적은 있었어.

"맥적이 어떤 음식입니까? 저는 한 번도 들어본 적이 없습니다."

아이는 자리를 뜨지 않고 옆에서 서성였지. 여느 때처럼, 다음에 무슨 심부름을 해야 할지, 분부를 받들 채비를 하고서.

"어허? 맥적이라……."

고기를 양념에 재웠다가 불에 구워 먹었다는 이야기는 들었던 적이 있었어. 그러나 얘기만 들었을 뿐, 본 적도 먹어본 적도 없는 음식이 바로 맥적이었던 거야.

"고기? 고기가 있어야겠구나. 너는 어서 가서 소를 잡으라고 이르려무나."

심부름 하는 아이는 쏜살같이 밖으로 내달렸어. 이제, 무엇을 한다? 곧 다음 명령을 내려야 했지. 고기를 마련하라고는 했지만, 어떻게 고기를 잘라야 할지 양념은 어떻게 준비해야 할지 아는 바가 없었어. 명령을 기다리는 하인들 사이로 신하는 안절부절못한 채, 이리저리 종종걸음으로 부엌을 오고갔어. 시간이 얼마나 흘렀을까? 어디선가 부엌으로 지독한 냄새가 흘러들었어. 부엌을 서성이던 하인들은 모두 하던 일을 멈추고 코를 감싸 쥘 정도였지.

"무슨 일이냐? 송나라의 사신을 접대하느라 분주한 터에, 누가 이리 고약한 냄새를 풍기는 것인가?"

신하는 불호령을 내렸어. 가뜩이나 맥적 생각에 머리가 아픈데, 불쾌한 냄새가 부엌으로 스멀스멀 기어오니 엄청 화가 치미는 거야.

"무슨 연유인지 얼른 가서 알아보도록 하여라."

아이가 달려 왔어.

> "일꾼들이 소의 네 다리를 묶어 훨훨 타는 불 속에 집어넣었다고 합니다. 소의 숨이 끊어지기를 기다렸다가 털을 벗겨 물에 씻고 배를 갈라 내장을 꺼내는데, 그만 일꾼들이 생전 처음 짐승을 잡아 보는 터라 소 배 속의 똥오줌이 튀어 나왔다고 합니다."

고려는 불교를 믿던 나라였어. 기본적으로 불교는 살생을 엄격하게 금지하잖아. 고려의 백성들은 당연히 고기를 멀리했지. 그래서 짐승 잡는 일이 이렇게 서툴렀던 거야.

고려 때에는 968년과 988년에 도살 금지령을 내릴 정도로 고기 먹는 일을 엄격히 금지했었어. 당연히 그 요리법도, 짐승을 잡는 법도 서툴렀어. 그러다 보니, 이렇게 웃지 못할 일이 벌어졌다는 이야기가 《고려도경》중국 송나라 사신 서긍이 고려를 여행하고 보고 들은 것을 그림과 곁들여 기록한 책에 실려 있어.

그러다가 1231년, 우리나라가 몽골 족의 영향을 받게 되었어. 그 즈음 세상은 칭기즈 칸이 세운 나라가 저 멀리 유럽 대륙은 물론, 온 세상을 휘어잡고 있었지. 고려 역시 몽골의 영향을 받지 않을 수가 없었지.

고기를 좋아했던 몽골 사람들 때문에 우리나라 사람들도 조금씩 고기 맛을 알아 갔어. 고기를 구워 먹는 전통은 그 뒤로도 죽 이어져 조선 시대 임금님이 먹던 너비아니 구이로까지 이어지고, 이것이 오늘날 외국인들이 가장 좋아한다는 한국의 음식 불고기로 이어졌지. 지금의 너비아니 구이는 임금님의 수라상에 오르던 아주 귀한 음식이었어.

건강 음식! 한국 음식!

우리 한국의 음식이야. 뭐 우리가 매일 대하는 밥상을 보면 잘 알 수 있겠지?

요즈음은 식생활이 많이 서구화되어 전통적인 우리 밥상을 찾아보기는 쉽지 않을 거야. 달라졌다고 우리 문화가 아니라고 말할 수는 없을 거야. 시대와 장소에 따라 달라지면 달라진 것도 우리 것이니까.

자, 밥상 한가운데 뭐가 있니?

그렇지! 김치. 김치 싫어하는 친구도 있을 거야. 그런데 말이야. 김치에는 요구르트 한 병에 들어 있는 유산균보다 훨씬 더 많은 유산균이 들어 있대.

그러니까 밥 먹을 때마다 꼬박꼬박 김치를 먹으면 따로 요거트 같은 건 먹을 필요가 없어.

참, 김치라고 해서 배추김치만 떠올리면 안 돼! 김치의 종류가 몇 가지나 될 것 같니?

배추김치가 싫으면 갓김치나, 총각무김치, 동치미, 깍두기 같은 것도 한번 먹어 봐. 괜히 바쁜 엄마, 아빠한테 만들어 달라 보채지 말고, 우리 같이 한번 만들어 볼까? 요리를 잘하지 못하는 사람들도 배추김치는 정말 쉽게 만든다니까. 그 방법을 가르쳐 줄게.

1. 배추를 반으로 갈라 소금에 절여 숨을 죽인다.
2. 채 썬 무에 마늘, 파, 생강, 미나리, 소금, 젓갈, 고추가루 등으로 양념 속을 만든다.
3. 절인 배추에 양념 속을 넣고 버무린다.
4. 항아리에 넣어 발효시킨다.

생각보다 김치 담그는 방법이 그리 어렵진 않지? 그런데 미안하지만 맛은 장담할 수가 없어. 한국 음식은 재료의 배합 양에 따라 맛이 많이 달라지거든. 그것뿐만이 아니야. 똑같은 양을 쓰더라도 고춧가루가 매운 고추냐, 덜 매운 고추냐에 따라 음식 맛이 달라져. 그래서 한국 음식은 손맛이라고 하는 거야!

이렇게 굳이 김치 담그는 법을 설명한 건, 한국의 김치와 일본의 기무치가 다르다는 걸 설명하기 위해서야.

앞에서 보았다시피 우리의 김치는 담그고 나서 곧장 먹으면 제 맛이 나지 않아. 시간을 두고 발효 숙성 시켜야 해. 그래야 젖산이 나오면서 유산균도 풍부해져.

그런데 일본의 기무치는 우리나라의 김치와 비슷하게 일본 사람들 입맛에 맞게 바꾸어서 만든 음식으로 담아서 바로 먹는 일종의 겉절이 형태의 음식이야. 발효가 되지 않았다는 걸 빼면 김치와 겉모양은 아주 똑같아.

하지만, 자연 발효시키지 않는 대신 식품 첨가물을 사용해 건강에 별로 좋지 않고, 또 유산균이 우리의 김치보다 훨씬 적은 양이 들어 있지.

이 김치뿐만 아니라 마이클 잭슨 덕분에 유명해진 비빔밥 역시 채소와 고기의 비율이 8 대 2 정도로 적절하게 어우러진 건강 음식이야.

'약과 음식은 근본이 같다' 라는 약식동원藥食同源의 생각에 한국 사람들은 밥을 최고의 보약으로 여겨서 예로부터 밥을 먹는 일에 온갖 정성을 기울여 왔어.

대체로 밥을 주식으로 하고, 채소와 나물을 곁들여 먹는데, 고기는 원래 그리 많이 먹지 않아. 그래서《헝그리 플래닛》이란 책을 쓴 사진작가는 한국 음식의 조리법도 기름에 튀기는 것보다는 삶거나 구운 다음에 참기름이나 들기름으로 마지막에 향을 내는 것들이 많아 건강식이라며 칭찬을 아끼지 않았어.

이렇게 조리한 우리 음식들은 보통 영양가가 많고 지방은 적어서 살이 잘 찌지 않아. 채식과 육식의 황금 비율이 살아 있는 상차림이라고 할 수 있지.

게다가 '나물'은 채소를 많이 먹을 수 있는 참 좋은 음식이야. 샐러드는 부피만 크지, 양이 얼마 되지 않잖아. 물론 생으로 먹는 것보다는 삶으면 비타민은 더 파괴되지만, 샐러드에 비하면 나물은 정말 많은 양의 채소를 먹을 수 있거든.

한국 음식에는 또 건강에 좋다는 발효 음식이 많아. 장 간장, 고추장, 된장은 말할 것도 없고, 김치, 젓갈, 장아찌, 기타 등등.

그런데 장을 만드는 주재료는 바로 콩이야. 장만 만드는지 아니? 두부, 콩나물 등 우리 식탁에서 콩은 떼려야 뗄 수 없는 관계라고. 콩은 밭에서 나는 쇠고기라고 할 만큼 단백질과 영양이 풍부해. 우리나라는 콩의 종주국으로서 오래전부터 이렇게 콩을 이용해 먹을거리를 장만해 왔어.

하지만 한국 음식의 여러 가지 우수한 점에도 불구하고 단점도 있어. 국물 요리가 많다 보니 음식물 쓰레기가 많이 나온다는 점, 비빔밥과 같은 한 접시 요리가 드물고, 외국 사람이 먹기엔 지나치게 짜고 매운 음식이 많다는 것, 또 조리 단계가 복잡해. 몇몇 전통 음식은 지나치게 열량이 높지.

우리 음식은 또 서양 음식처럼 식사 전 몇 십분 만에 양념을 버무려 내

놓을 수 있는 게 별로 없어. 재료 손질해야지, 양념에 재워야지, 오랫동안 조리해야지. 한국 음식은 서양 음식보다 손이 많이 가는 편이야. 앞으로 하나하나씩 차근차근 고쳐 나가야 할 우리 음식의 과제지.

한국 사람들의 인기 향신료, 마늘과 고추

지호 엄마가 외국인 회사에 다닐 때였어. 함께 근무했던 외국 사람이 한국인 직원들을 집으로 초대한 적이 있었는데 모두 엄청난 기대를 품고 집 안으로 들어섰어. 과연 어떤 음식을 준비했을까 설레기도 했었지.

짜잔, 드디어 한 상 가득 음식이 나왔는데, 모두의 시선을 사로잡았던 것은 식탁 한가득 산처럼 쌓여 있던 생마늘이었어. 다행히 깨끗하게 깐 것이긴 했지만, 도무지 그날 상차림과는 어울리지 않는 생마늘 한 접시의 모습에 사람들은 아무 말도 하지 못하고 서로 눈빛만 주고받았어.

한국 사람이 마늘을 퍽 즐겨한다는 말을 들은 그 외국인은 한국 사람을 특별히 배려한답시고 생마늘 한 접시를 푸짐하게 준비했던 거야. 구워 먹을 고기라도 있었다면 마늘을 좀 먹었을 텐데 불행히도 그날 그 생마늘에 젓가락을 댄 사람은 아무도 없었어. 그 외국인은 퍽 당황스러워하는 눈치였어. 마늘을 향신료로 사용하고 부식이나 주식으로는 사용하지 않는 한국 문화에 대한 이해가 부족해서 생긴 일이었지.

아마 한국 음식만큼 마늘과 고추를 많이 사용하는 음식은 없을 거야. 마늘은 한국 음식 거의 모두에 들어가는 향신료야. 곰과 호랑이가 사람이 되려고 꾹 참고 먹던 음식 중 하나가 마늘이었던 거 기억하니? 그 정도로 마늘은 우리와 역사가 길고, 깊은 인연이 있는 음식이야.

마늘은 토마토, 녹차, 적포도주, 브로콜리, 블루베리, 견과류, 연어, 시금치, 귀리와 함께 미국 〈타임〉지가 선정한 10대 슈퍼 푸드 중 하나로, 아직 확실하게 검증된 바는 없지만 이 마늘과 고추 덕분에 전 세계가 한창 조류 인플루엔자가 유행일 때도 한국 사람만이 이 유행병에 강했다고 많은 사람이 믿고 있어. 마늘에 매우 강력한 천연 항생 물질인 알리신과 스코리진, 노화 방지 물질 셀레늄 등이 들어 있거든.

고추는 한국 말고도 즐기는 나라가 워낙 많지만, 마늘은 확실히 한국에서만 유달리 많은 사랑을 받고 있어. 마늘에는 피톤치드 등 좋은 영양소가 풍부하게 들어 있지만 주의할 점도 있어. 생으로 먹으면 위에 자극을 주어 위염이나 위궤양이 있는 사람에게 좋지 않고, 입 냄새가 많이 남아서 다른 사람에게 불쾌감을 줄 수가 있거든.

한국 사람들이 즐기는 또 다른 향신료, 고추. 이 고추가 17세기 초에 처음 우리나라에 들어온 덕에 드디어 붉은 김치가 탄생했지. 그 전에 김치는 소금물에 담가 두었다가 먹는 짠지나 백김치에 가까웠어. 우리의 고추는 고추의 원산지 멕시코의 것과는 달라. 우리의 고추는 매우면서도 단맛이 있어 음식에 감칠맛을 더해 주지.

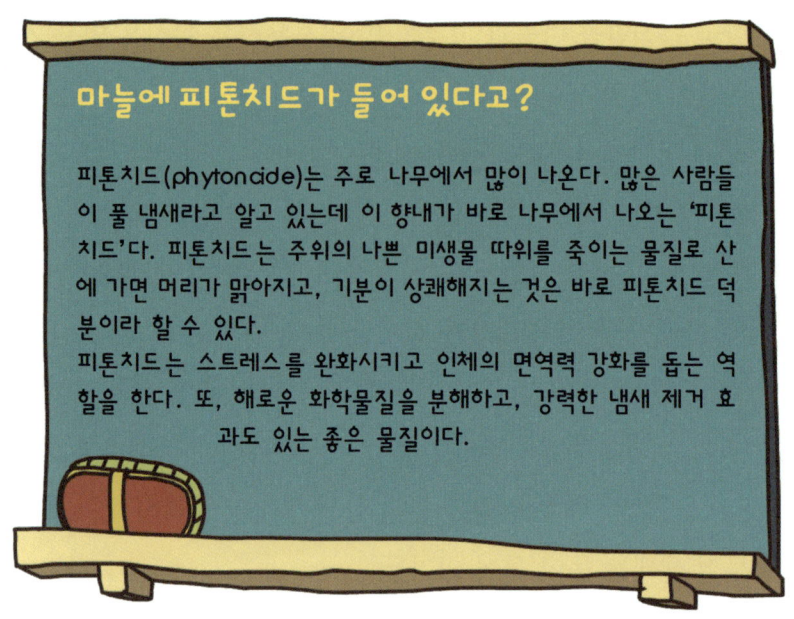

마늘에 피톤치드가 들어 있다고?

피톤치드(phytoncide)는 주로 나무에서 많이 나온다. 많은 사람들이 풀 냄새라고 알고 있는데 이 향내가 바로 나무에서 나오는 '피톤치드'다. 피톤치드는 주위의 나쁜 미생물 따위를 죽이는 물질로 산에 가면 머리가 맑아지고, 기분이 상쾌해지는 것은 바로 피톤치드 덕분이라 할 수 있다.
피톤치드는 스트레스를 완화시키고 인체의 면역력 강화를 돕는 역할을 한다. 또, 해로운 화학물질을 분해하고, 강력한 냄새 제거 효과도 있는 좋은 물질이다.

세계에서 유일한 한국의 '채소 쌈 싸 먹기'

앞에서 말했다시피 고려는 불교를 믿는 나라였기에 육식을 엄격히 금했어. 그러다 보니 콩이라든가 채소를 이용하는 음식이 크게 발전했어. 원래 한 가지를 금하면 대신할 만한 것을 찾기 마련이니까. 두부, '쌈 싸 먹기'도 바로 이때부터 시작되었어.

우리나라에 상추가 들어온 것은 중국 수나라를 통해서야. 우리나라의 사신이 수나라에서 상추를 처음 보고 그걸 사려고 하니 수나라 상인이 가격을 굉장히 비싸게 불렀다고 해. 가격이 어찌나 비쌌는지, 당시 장에 나온 비단보다도 값이 더 비싸 졸지에 천금채라는 이름도 얻었지. 천금을 주어야 살 수 있다고.

특히 상추는 중국 사람들도 아주 좋아해서 상추씨가 아주 비싼 가격으로 거래됐어. 그때 우리나라에 들어온 상추는 고려 사람들로부터 큰 인기를 얻었고, 곧 우리나라의 주요 생산품이 되었지. 상추는 잎이 연하고 아삭아삭 씹는 맛이 좋아. 또한 벌레가 잘 꼬이지 않아 재배하는 데 특별한 기술이 필요하지도 않아. 농약이 제대로 없던 때, 벌레가 잘 꼬이지 않는 채소가 당연히 인기가 높을 수밖에.

상추 말고도 쌈 싸 먹을 때 인기 있는 채소로는 깻잎, 호박잎, 배춧잎, 콩잎, 쑥갓 등이 있어.

그런데 뭔가에 음식을 싸 먹는 건 정확히 우리나라에만 있는 식생활 습관은 아니야.

'스프링롤'이라는 밀가루나 쌀가루로 전병처럼 만들어 안에 소를 넣고 싸서 튀긴 음식은 전 세계적으로 흔히 볼 수 있어. 길거리 간식으로도 인기 좋은 인도 스타일 만두 '사모사', 중국의 '춘권', 일본의 '하루마키' 등은 기름에 튀긴 것이고, 기름에 튀기지 않은 이탈리아의 '라비올리'도 있지. 우리나라에서 월남 쌈이라고 부르는 베트남의 '꼬이 꾸온'은 쌀로 만든 얇은 라이스페이퍼에 채소와 고기를 넣어 김밥처럼 말아서 먹는 음식이야.

이렇듯 밀가루 반죽이라든가 라이스페이퍼 등 익힌 곡식 가루에 싸 먹는 것들은 흔하지만 생 채소에 직접 싸서 그 자리에서 먹는 우리의 쌈 싸 먹기는 세계에서 독특하고도 유일한 식습관이야. 이런 특색 있는 고유의 문화는 한국 음식을 세계에 널리 알리는 데 도움이 될 거야.

유교 문화가 가득 담긴 한국 음식

가만, 오늘은 지호 외할머니의 생신이야. 그냥 생신도 아니고 61번째 생일, 바로 환갑이야.
아시아 일부 국가에서는 61번째 생일을 아주 뜻깊게 여겨. 옛날 장수하지 못하던 시절에 생긴 관습인데 지금까지도 한국 사람들은 61번째 생일을 특별하게 여기지.
"이거 전부 다 내 거예요?"
지호는 옆에 앉아 계신 엄마에게 소곤소곤 살짝 여쭈어 보았어.
지호 앞에는 밥, 국, 잡채, 생선, 탕평채, 앵두편, 색색의 고운 떡 등이 오롯이 지호 혼자만을 위해 차려져 있었거든.

조선 시대에 높은 사람들은 외상, 즉 상 위에 반찬을 놓고 여러 사람이 젓가락으로 반찬을 가져다 먹는 것이 아닌, 혼자 먹는 외상을 받았대. 윽! 설거지 엄청 많이 나오겠다, 그치!
그리고 반찬 그릇에도 모두 다 뚜껑이 있어. 3첩, 5첩, 7첩, 12첩 반상은

몇 가지 반찬이 상 위에 놓였느냐에 따라 정해진 반상의 종류야. 뚜껑이 있는 반찬만 세지. 오늘 지호는 임금님만 드셨다는 12첩 반상을 할머니 덕분에 받았지.

잔칫집에 가면 맛볼 수 있는 갈비찜, 호두장과, 게장 등은 아주 비싸고 만들기 힘든 반가 음식들이야. 반가 음식이란, 양반집에서 주로 먹었던 음식을 말해. 궁중 음식이 수라간에서 일하는 많은 신하들 덕분에 다양하게 발전할 수 있었던 것처럼, 양반 음식도 노비라는 하인들이 있었기에 발전할 수 있었어.

유교의 영향을 받아 제사상에 음식을 놓는 위치까지 정해 두고 있지. 홍동백서, 어동육서, 좌포우혜와 같은 말들은 다 그 위치를 이르는 말이야. 돌상, 환갑상과 같은 통과 의례의 음식도 모두 유교의 영향을 받은 한국만의 특징이야.

★ 맺는말
우리는 미래에 어떤 음식을 먹어야 할까?

백화점의 지하 식품점에 가 본 적 있니? 토마토케첩, 마요네즈, 파스타, 각종 드레싱, 고추장, 된장, 간장 등 세계 각국 요리의 기본 재료들을 파는 식품 진열대엔 없는 게 없어. 우린 언제부터 이런 음식 재료들을 사 먹었을까?
《홍길동전》을 쓴 '허균'이 고향에 보낸 편지를 보면, "장맛이 좋지 않으니, 맛있는 장을 사서 보내라"는 말이 나와. 그러고 보면 그때도 장을 사고파는 일이 아주 흔했던 것 같아. 물론, 완성된 음식을 사 먹었던 식당의 역사는 훨씬 더 길었지. 주막이라는 곳이 있어서, 간단한 국밥 등을 팔았으니까. 저잣거리에서 떡도 사 먹을 수 있었고.
이런 판매용 음식 재료들 덕분에 요리를 잘 못하는 사람들도 간편하게 요리를 즐길 수 있게 되었지. 그런데 말이야. 어떻게 이런 음식들은 유통 기한이 그렇게 긴 걸까? 집에서 만든 음식은 냉장고에 넣어 두어도 금세 상하는데, 어떻게 공장에서 만들어 파는 것들은 1년이 넘어도 변하지 않는 걸까?
지구가 한 마을이 된 요즈음은 각 지역의 고유한 음식 특성이 많이 사라졌어. 파키스탄 카라치의 식당에선 채식주의자 힌두교도들을 위한 메뉴를 만들어 팔고, 이탈리아의 남부 식당 대부분은 아프리카식 요리 '꾸스꾸스'를 팔아.

이건 파스타 같기도 하고 우리 식으로 하면 무슨 '범벅' 요리 같아.

우리나라 국수 요리에는 대부분 국물이 있지만 요사이 태국식 볶음 쌀국수를 먹어본 이들이 우리식 볶음 우동이라는 새로운 메뉴를 만들어 냈어.

서로의 것을 받아들여 새로운 어떤 것을 만들어 내는 건 자연스러운 거야. 요즈음엔 이런 것들을 퓨전 음식이라고 해. 아마 앞으로는 이렇게 서로의 좋은 점을 받아들여 거듭나는 음식들이 많이 나올 거야.

누구나 음식을 먹어. 옷이 없어도, 집이 없어도 어찌됐든 목숨을 부지할 수는 있지만 먹지 않고서는 하루도 버티기 힘들잖아. 슬로푸드, 로컬푸드는 마음만 먹으면 누구나 실천할 수 있는 지구 살리기, 세상 살리기 운동이야. 게다가 이런 것들은 건강식이기도 해.

아마 지금은 한겨울에 딸기와 수박을 먹었다고 자랑하는 사람은 별로 없을 거야. 에너지를 덜 소비하고, 환경 오염을 줄이는 것이 다가올 미래를 사는 지구촌 사람들의 상식이 되는 그날이 빨리 오길 바라며 글을 마칠게.